초등 학생이 꼭 익혀야 할

급수 한자 500자 쓰기 상

머리말

21세기 정보화 사회로 들어서면서 더욱 많은 사람들이 세계화, 국제화 시대에 통용되는 영어에 높은 관심을 갖게 되고, 영어를 배우기 위한 바람은 유아들의 영어 교육을 부추기고 초등 학생 때부터 유학을 가는 붐을 일으키고 있다.

그런데 예상과 빗나가는 사회 현상으로 한자 교육을 들 수 있다. 대학교에서 대학생들의 입시 영역으로 한자 능력을 택하는 추세가 늘어나고 있으며, 기업이나 회사에서 사원을 채용할 때도 한자 능력을 중시하고 있다. 그러나 이는 이상한 사회 현상이 아니라, 오히려 사회 발전이나 국가 발전 전략으로 볼 때나 다가오는 동북아 시대적 상황으로 볼 때 한자는 필수 언어일 수밖에 없기 때문이다.

모든 언어 교육이 마찬가지이겠지만 한자 교육 역시 어려서부터 배우는 것이 오래 기억되고 학습 효과도 클 수밖에 없다. 한자는 상형 문자이므로 쓰기 학습이 중요

초등 학생이 꼭 익혀야 할 급수 한자 500자 쓰기

한데, 기존에 만들어진 한자 교재를 보면 쓰기 학습을 소홀히 한 면이 있다. 이 교재는 한자를 처음 배우는 어린이들에게 한자의 자형(字形)과 음(音), 훈(訓)을 익히도록 하되, 쓰기 학습을 보강하는 데 주력하였다.

특히 이 교재는 각종 단체에서 실시하는 한자 급수 시험에 대비하기 위한 준비 교재로 활용하도록 만들었으며, 현재 한자 급수로는 교육부가 공인한 유일한 단체인 (사)한국어문회가 출제 기준으로 제시한 한자 500자를 중심으로 구성하여 이 한자를 배우면 8급~5급 시험에 응시할 수 있도록 하였다.

부디 이 책으로 공부하여 많은 어린이가 한자 학습은 물론, 한자 급수를 취득하는 데 도움이 되었으면 한다.

이 교재의 특징

▶ 이 책은 한자능력검정시험을 대비한 급수 한자 쓰기 학습서로서 초등 학교 재량 활동 시간에 활용할 수 있도록 엮었습니다.

▶ 글자마다 관련 그림과 자원풀이를 넣어 쉽게 이해할 수 있도록 하였습니다.

▶ 필순을 보며 한자를 올바로 쓸 수 있도록 했으며, 여러 번 반복하여 쓰게 함으로써 그 글자를 확실히 익힐 수 있도록 하였습니다.

▶ 매 한자에 활용 단어를 제시하여 어휘력을 향상시킬 수 있도록 하였습니다.

▶ 3개 단원마다 출제 유형에 따른 익힘 문제를 실어 복습할 수 있도록 하였으며, 또한 만화를 통해 고사성어를 쉽고 재미있게 익힐 수 있도록 하였습니다.

▶ 부록에 구성되어 있는 부수의 위치와 명칭, 필순, 획과 명칭, 자전 찾는 법 등을 통해 한자 학습을 효율적으로 할 수 있습니다.

▶ 각 급수별 배정한자 및 한자능력검정시험 요강을 실어 취득하고자 하는 목표에 따른 효과적인 학습이 이루어질 수 있도록 하였습니다.

▶ 한자능력검정시험 기출문제 및 같은 유형의 예상문제를 각 급수별로 구성하여 실제 시험에 대비할 수 있도록 하였습니다.

단원 지도 계획

단원명	지도 쪽수	시간	비고
1장	8~13	2	
2장	14~19	2	
3장	20~31	2	
4장	32~37	2	
5장	38~43	2	
6장	44~55	2	
7장	56~61	2	
8장	62~67	2	
9장	68~79	2	
10장	80~85	2	
11장	86~91	2	
12장	92~103	2	
13장	104~109	2	
14장	110~115	2	
15장	116~127	2	
16장	128~133	2	
17장	134~137	2	
계		34	

차 례

- 머리말
- 이 교재의 특징

- **제 1 장**
  - 一, 二, 三 ················ 8
  - 四, 五, 六 ················ 10
  - 七, 八, 九 ················ 12

- **제 2 장**
  - 十, 百, 千 ················ 14
  - 萬, 算, 數 ················ 16
  - 年, 月, 日 ················ 18

- **제 3 장**
  - 時, 火, 水 ················ 20
  - 木, 金, 土 ················ 22
  - 自, 然, 天 ················ 24
  - • 실전 익히기(1~3) ········ 26
  - • 만화로 배우는 고사성어
    <馬耳東風> ············ 28

- **제 4 장**
  - 地, 山, 川 ················ 32
  - 海, 草, 林 ················ 34
  - 上, 中, 下 ················ 36

- **제 5 장**
  - 左, 右, 內 ················ 38
  - 外, 間, 寸 ················ 40
  - 大, 小, 重 ················ 42

- **제 6 장**
  - 長, 全, 心 ················ 44
  - 口, 手, 足 ················ 46
  - 祖, 父, 母 ················ 48
  - • 실전 익히기(4~6) ········ 50
  - • 만화로 배우는 고사성어
    <無用之用> ············ 52

- **제 7 장**
  - 兄, 弟, 人 ················ 56
  - 男, 女, 子 ················ 58
  - 老, 少, 夫 ················ 60

- **제 8 장**
  - 農, 工, 江 ················ 62
  - 村, 東, 西 ················ 64
  - 南, 北, 門 ················ 66

- **제 9 장**
  - 前, 後, 方 ················ 68
  - 入, 學, 登 ················ 70
  - 校, 先, 立 ················ 72
  - • 실전 익히기(7~9) ········ 74
  - • 만화로 배우는 고사성어
    <門前成市> ············ 76

- **제 10 장**
  - 主, 問, 答 ················ 80
  - 敎, 育, 室 ················ 82
  - 文, 字, 語 ················ 84

- **제 11 장**
  - 家, 住, 食 ················ 86
  - 安, 休, 所 ················ 88

초등 학생이 꼭 익혀야 할 급수 한자 500자 쓰기

車, 平, 世 90

■ 제12장
春, 夏, 秋 92
冬, 午, 夕 94
活, 動, 力 96
• 실전 익히기(10~12) 98
• 만화로 배우는 고사성어
  <百聞不如一見> 100

■ 제13장
出, 生, 孝 104
姓, 名, 記 106
正, 直, 便 108

■ 제14장
事, 物, 紙 110
空, 同, 場 112
電, 氣, 不 114

■ 제15장
花, 植, 韓 116
國, 軍, 旗 118
漢, 歌, 話 120
• 실전 익히기(13~15) 122
• 만화로 배우는 고사성어
  <四面楚歌> 124

■ 제16장
白, 靑, 色 128
王, 民, 命 130
市, 道, 邑 132

■ 제17장
洞, 面, 里 134
每, 有, 來 136
• 실전 익히기(16~17) 138
• 만화로 배우는 고사성어
  <天高馬肥> 140

■ 부 록
1. 부수의 위치와 명칭 146
2. 필 순 148
3. 획과 명칭 149
4. 자전 찾는 법 149
5. 8급 배정한자 150
6. 7급 배정한자 151
7. 한자능력검정시험 안내
   153
8. 뜻이 반대 또는 상대 되는 한자
   154
9. 8급 예상문제 155
10. 7급 예상문제 158
11. 8급 기출문제 1,2 161
12. 7급 기출문제 1,2 167
13. 정 답 173
14. 찾아보기 175

제 1 장

		한 일(一)부, 총 1획	8급
一		손가락을 하나 편 모양으로, 1을 나타냄.	
한 일		▶ 一生(일생) : 살아 있는 동안. 한평생. ▶ 一大(일대) : 큰 또는 굉장한.	

		두 이(二)부, 총 2획	8급
二		손가락을 두 개 편 모양으로, 2를 나타냄.	
두 이		▶ 二月(이월) : 한 해의 둘째 달. ▶ 二年(이년) : 두 해.	

		한 일(一)부, 총 3획	8급
三		손가락을 세 개 편 모양으로, 3을 나타냄.	
석 삼		▶ 三國(삼국) : 세 나라. ▶ 三軍(삼군) : 전체의 군대. 육군·공군·해군의 총칭.	

한자의 뜻과 음을 생각하며, 순서에 따라 써 보세요.

一 한 일	一
二 두 이	二
三 석 삼	三

 제1장

| 四
넉 사 |  | 큰입 구(口)부, 총 5획   8급

양 손의 손가락을 두 개씩 편 모양으로, 4를 나타냄.

▶ 四大門(사대문) : 조선 시대 때 도성의 동서남북에 세운 문.
▶ 四方(사방) : 네 방위. 동서남북을 통틀어 일컬음. |

| 五
다섯 오 |  | 두 이(二)부, 총 4획   8급

두 개의 막대기를 엇갈리게 놓아 5를 나타냄.

▶ 五年(오년) : 다섯 해.
▶ 五色(오색) : 청색·황색·적색·백색·흑색의 다섯 가지 빛깔. |

| 六
여섯 륙 | 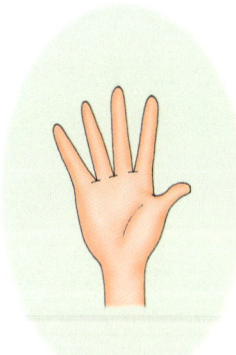 | 여덟 팔(八)부, 총 4획   8급

양 손의 손가락을 각각 세 개씩 편 모양으로, 6을 나타냄.

▶ 六十(육십) : 숫자 '60'.
▶ 六月(유월) : 한 해의 여섯 번째 달. |

한자의 뜻과 음을 생각하며, 순서에 따라 써 보세요.

| 四
넉 사 | 丨 冂 冂 四 四
四 四 四 四 四 四 |

| 五
다섯 오 | 一 丆 五 五
五 五 五 五 五 五 |

| 六
여섯 륙 | 丶 一 亠 六
六 六 六 六 六 六 |

 제 1장

七 일곱 칠		한 일(一)부, 총 2획　8급 십(十)의 세로획을 구부려 7을 나타냄. ▶ 七百(칠백) : 백의 일곱 배가 되는 수. ▶ 七夕(칠석) : 음력 7월 7일로 견우와 직녀가 만난다는 날.
八 여덟 팔	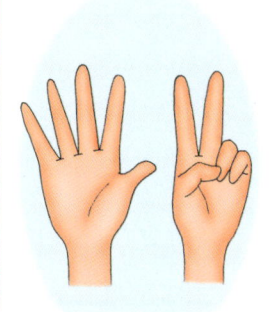	여덟 팔(八)부, 총 2획　8급 손을 네 손가락씩 펴서 들어 보이는 모양으로, 8을 나타냄. ▶ 八月(팔월) : 한 해의 여덟 번째 달. ▶ 四方八方(사방팔방) : 모든 방면.
九 아홉 구		새 을(乙)부, 총 2획　8급 십(十)에서 가로획을 구부려 하나가 모자란다는 뜻으로, 9를 나타냄. ▶ 九月(구월) : 한 해의 아홉 번째 달. ▶ 九年(구년) : 아홉 해.

한자의 뜻과 음을 생각하며, 순서에 따라 써 보세요.

| 七
일곱 칠 | 一 七
七 七 七 七 七 七 |

| 八
여덟 팔 | ノ 八
八 八 八 八 八 八 |

| 九
아홉 구 | ノ 九
九 九 九 九 九 九 |

제 2 장

열 십

열 십(十)부, 총 2획 8급

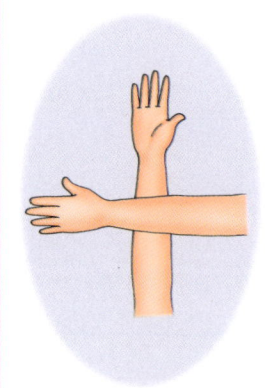

두 손을 엇갈리게 합친 모습을 본뜬 것으로, 10을 나타냄.

▶ 十月(시월) : 한 해의 열 번째 달.
▶ 十中八九(십중팔구) : 예외 없이. 거의 다.

일백 백

흰 백(白)부, 총 6획 7급

사람의 머리가 한 번 희게 되는 것은 백 살이 가깝다는 데서 '백'의 뜻이 됨.

▶ 百萬(백만) : 일만의 백 배.
▶ 百姓(백성) : 국민의 옛말.

일천 천

열 십(十)부, 총 3획 7급

사람 몸으로 천 단위를 나타냈던 데서 사람 인(人)에 한 일(一)을 그어 '천'을 나타냄.

▶ 千年(천년) : 백 년의 열 배. '오랜 세월'을 이르는 말.
▶ 千萬(천만) : 만의 천 배.

한자의 뜻과 음을 생각하며, 순서에 따라 써 보세요.

十 열 십	一 十 十 十 十 十 十 十
百 일백 백	一 厂 厂 丙 百 百 百 百 百 百 百 百
千 일천 천	丿 二 千 千 千 千 千 千 千

 제 2 장

| 萬
일만 만 |  | 초두 밑(艹〈艸〉)부, 총 13획　8급
전갈의 모양을 본뜬 글자로, 곤충은 무리를 지어 산다는 데서 가장 많은 수인 '일만'의 뜻을 나타냄.
▶ 萬國(만국) : 세계의 모든 나라.
▶ 萬物(만물) : 온갖 물건. |

| 算
셈할 산 |  | 대 죽(⺮〈竹〉)부, 총 14획　7급
양 손에 대나무로 만든 산가지를 갖추어 들고 수를 셈한다는 데서 '셈하다'의 뜻을 나타냄.
▶ 算出(산출) : 계산해 냄.
▶ 算入(산입) : 셈에 넣는 일. |

| 數
셈할 수 |  | 등글월 문(攵〈攴〉)부, 총 15획　7급
여자가 조개를 실에 꿰어 그 수를 센다는 데서 '셈하다'의 뜻을 나타냄.
▶ 算數(산수) : 산술 및 일반 기초적 수학.
▶ 正數(정수) : 영보다 큰 수. |

한자의 뜻과 음을 생각하며, 순서에 따라 써 보세요.

萬 일만 만

算 셈할 산

數 셈할 수

 제 2 장

年 해 년

방패 간(干)부, 총 6획 　8급

농부가 벼를 심어 수확하는 기간이 1년이라는 데서 '해'의 뜻을 나타냄.

▶ 每年(매년) : 해마다.
▶ 來年(내년) : 다음 해.

月 달 월

달 월(月)부, 총 4획 　8급

초승달의 모양을 본뜬 글자로, '달'의 뜻을 나타냄.

▶ 月中(월중) : 한 달 동안.
▶ 每月(매월) : 달마다.

日 날 일

날 일(日)부, 총 4획 　8급

해의 모양을 본뜬 글자로, '해(날)'의 뜻을 나타냄.

▶ 日記(일기) : 그날 그날 겪은 일이나 감상 등을 적은 개인의 기록.
▶ 日氣(일기) : 날씨.

한자의 뜻과 음을 생각하며, 순서에 따라 써 보세요.

年 해 년	ノ ㄴ ㄷ 卢 듀 年 年 年 年 年 年 年
月 달 월	ノ 丿 月 月 月 月 月 月 月 月
日 날 일	丨 冂 日 日 日 日 日 日 日 日

제 3 장

때 시

날 일(日)부, 총 10획 **7급**

날 일(日)과 절 사(寺)가 합쳐진 글자로, '때'의 뜻을 나타냄.

▶ 時間(시간) : 어떤 시각에서 다른 시각까지의 동안.
▶ 時事(시사) : 그 당시에 생기는 세상 일.

불 화

불 화(火)부, 총 4획 **8급**

불이 활활 타오르는 모양을 본뜬 글자로, '불'의 뜻을 나타냄.

▶ 火力(화력) : 불의 힘.
▶ 火山(화산) : 땅 속의 뜨거운 마그마와 가스 등이 지표를 뚫고 나와 이룬 산.

물 수

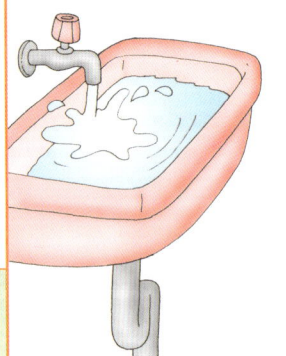

물 수(水)부, 총 4획 **8급**

물이 흐르는 모양을 본뜬 글자로, '물'의 뜻을 나타냄.

▶ 水面(수면) : 물의 표면.
▶ 水草(수초) : 물 속이나 물가에서 자라는 풀.

한자의 뜻과 음을 생각하며, 순서에 따라 써 보세요.

時 때 시	丨 冂 日 日 旷 旷 旷 旷 時 時 時 時 時 時 時 時

火 불 화	丶 丶 少 火 火 火 火 火 火 火

水 물 수	丨 刁 水 水 水 水 水 水 水 水

 제 3 장

木		나무 목(木)부, 총 4획 8급
나무 목		나무의 모양을 본뜬 글자로, '나무'의 뜻을 나타냄. ▶ 木手(목수) : 나무를 전문적으로 다루는 사람. ▶ 植木(식목) : 나무를 심음.

金	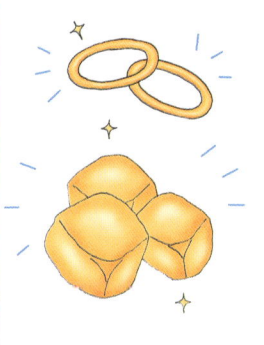	쇠 금(金)부, 총 8획 8급
쇠 금 성 김		흙 속에 묻힌 광석의 모양을 본뜬 글자로, '쇠'의 뜻을 나타냄. '성'으로 쓰일 때에는 '김'으로 읽음. ▶ 金力(금력) : 돈이 어떤 일에 영향을 미칠 수 있는 힘. ▶ 出金(출금) : 돈을 내어 쓰거나 내어 줌.

土		흙 토(土)부, 총 3획 8급
흙 토		흙 위로 솟아오른 싹을 본뜬 글자로, '흙'의 뜻을 나타냄. ▶ 國土(국토) : 나라의 땅. ▶ 農土(농토) : 농사짓는 땅. ▶ 土地(토지) : 땅.

한자의 뜻과 음을 생각하며, 순서에 따라 써 보세요.

木 나무 목	一 十 才 木 木 木 木 木 木 木

金 쇠 금, 성 김	丿 人 亼 今 仐 余 佘 金 金 金 金 金 金 金

土 흙 토	一 十 土 土 土 土 土 土 土

 제 3 장

| 自
스스로 자 |  | 스스로 자(自)부, 총 6획 7급

코의 모양을 본뜬 글자로, 자신을 가리킬 때 손가락으로 코를 가리킨다는 데서 '스스로'의 뜻을 나타냄.

▶ 自動(자동) : 기계 등이 제힘으로 움직임.
▶ 自白(자백) : 스스로의 죄를 고백함. |

| 然
그럴 연 |  | 불 화(火〈灬〉)부, 총 12획 7급

개를 불에 구워 먹는 것은 당연하다는 데서 '그러하다'의 뜻을 나타냄.

▶ 自然(자연) : 인공을 가하지 않은 본래 그대로의 상태.
▶ 然後(연후) : 그런 뒤. |

| 天
하늘 천 |  | 큰 대(大)부, 총 4획 7급

서 있는 사람의 머리 위에 선을 그어 놓고 넓은 허공이라는 데서 '하늘'의 뜻을 나타냄.

▶ 天地(천지) : 하늘과 땅.
▶ 天下(천하) : 온 세상. |

한자의 뜻과 음을 생각하며, 순서에 따라 써 보세요.

自 스스로 자	自 자형 연습
然 그럴 연	然 자형 연습
天 하늘 천	天 자형 연습

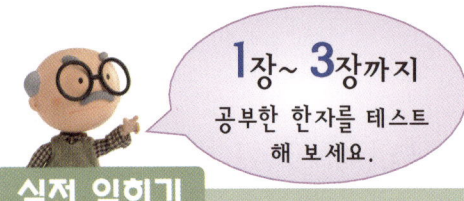

실전 익히기

1 다음 漢字語(한자어)에 맞는 讀音(독음)을 연결하세요.

(1) 四月 •   • ① 육년

(2) 六年 •   • ② 자연

(3) 千萬 •   • ③ 천만

(4) 自然 •   • ④ 사월

2 다음 문장에서 밑줄 친 漢字語(한자어)의 讀音(독음)을 쓰세요.

(1) 五千年의 역사를 가진 우리 나라이다. (   )

(2) 八月은 무더운 여름철이다. (   )

(3) 百日 잔치 때 온 가족이 모였다. (   )

3 다음 □ 안에 알맞은 漢字(한자)의 訓(훈)을 쓰세요.

(1) 十年 (□□ 십, □□ 년)   (2) 九月 (□□ 구, □□ 월)

(3) 千日 (□□ 천, □□ 일)   (4) 算數 (□□ 산, □□ 수)

4 다음 문장의 밑줄 친 낱말의 뜻에 맞는 漢字(한자)를 例(예)에서 찾아 그 번호를 쓰세요.

> 例　① 木　② 時　③ 天　④ 自

(1) 점심때가 되어서 집으로 돌아왔다. (　　)

(2) 하늘에 구름 한 점 없다. (　　)

(3) 숲에는 나무들이 빽빽이 들어차 있었다. (　　)

(4) 누가 시키기 전에 스스로 하는 습관을 가져야 한다. (　　)

5 다음 낱말의 뜻에 알맞은 漢字語(한자어)를 例(예)에서 찾아 그 번호를 쓰세요.

> 例　① 日月　② 自然　③ 三月　④ 算數

(1) 한 해의 세 번째 달. (　　)

(2) 해와 달. (　　)

(3) 산술 및 일반 기초적 수학. (　　)

(4) 인공을 가하지 않은 본래 그대로의 상태. (　　)

6 다음 문장의 밑줄 친 漢字語(한자어)를 漢字(한자)로 쓰세요.

(1) 나는 칠일 만에 작품을 완성했다. (　　)

(2) 천금을 준다고 해도 그런 나쁜 행동은 할 수 없다. (　　)

(3) 우리는 어제 자연을 벗삼아 하루를 즐겼다. (　　)

(4) 수나라 양제는 백만 대군을 이끌고 고구려를 침공했다. (　　)

■ 만화로 배우는 고사성어

 ❖ 동풍이 말의 귀를 스쳐 가듯이 남의 말을 들을 때 귀담아듣지 않고 흘려버리는 것에 비유해 쓰입니다.

馬耳東風
말 마   귀 이   동녘 동   바람 풍

고사성어 유래

마이동풍 (馬耳東風)

'마이동풍'이란 말은 당나라 시인 이백(李白)이 왕십이가 보내준 시에 대한 회답으로 지은 〈답왕십이한야독작유회(答王十二寒夜獨酌有懷)〉라는 시에 나옵니다.

이백이 지은 시의 내용은 시인들이 아무리 좋은 시를 지어도 세상 사람들이 그것을 알아주지 않으니, 마치 조용히 불어 오는 동풍이 말의 귓가를 스쳐 가듯이 아무도 귀담아듣지 않음을 빗대어 한탄하는 내용입니다.

이 말은 이후 '우이독경'과 같은 뜻으로 쓰이고 있습니다.

제 4 장

地 <small>땅 지</small>

흙 토(土)부, 총 6획 **7급**

꾸불꾸불 이어진 지형이라는 데서 '땅'의 뜻을 나타냄.

▶ 地名(지명) : 땅 이름.
▶ 地下(지하) : 땅 속.

山 <small>메 산</small>

메 산(山)부, 총 3획 **8급**

세 개의 산봉우리 모양을 본뜬 글자로, '산(메)'의 뜻을 나타냄.

▶ 山村(산촌) : 산 속에 있는 마을.
▶ 登山(등산) : 산에 오름.

川 <small>내 천</small>

내 천(川)부, 총 3획 **7급**

하천이 구불구불하게 흘러가는 모양을 본뜬 글자로, '냇물'의 뜻을 나타냄.

▶ 山川(산천) : 산과 내.
▶ 大川(대천) : 큰 내. 또는 이름난 내.

한자의 뜻과 음을 생각하며, 순서에 따라 써 보세요.

地 땅 지	一 十 土 圵 地 地 地 地 地 地 地 地
山 메 산	丨 山 山 山 山 山 山 山 山
川 내 천	丿 丿丨 川 川 川 川 川 川 川

 제 4 장

 海 바다 해	삼수변(氵〈水〉)부, 총 10획	7급
	깊고 어두운 물이라는 데서 '바다'의 뜻을 나타냄.	
	▶ 海軍(해군) : 바다를 지키는 군대. ▶ 海外(해외) : 바다 건너 다른 나라.	

 草 풀 초	초두 밑(艹〈艸〉)부, 총 10획	7급
	풀의 모양을 본뜬 글자로, '풀'의 뜻을 나타냄.	
	▶ 草食(초식) : 식물성의 먹이만 먹음. ▶ 不老草(불로초) : 먹으면 늙지 않는 풀.	

 林 수풀 림	나무 목(木)부, 총 8획	7급
	나무가 모여서 숲을 이룬다는 데서 '수풀'의 뜻을 나타냄.	
	▶ 山林(산림) : 산에 있는 숲. ▶ 育林(육림) : 인공적으로 숲을 가꿈.	

한자의 뜻과 음을 생각하며, 순서에 따라 써 보세요.

| 海
바다 해 | ﾞ ﾞ ﾞ ﾞ 氵 氵 汁 海 海 海 海
海 海 海 海 海 海 |

| 草
풀 초 | ﾞ ﾞ ﾞ ﾞ 艹 艹 艹 节 苩 草 草
草 草 草 草 草 草 |

| 林
수풀 림 | 一 十 才 木 木 朾 材 林
林 林 林 林 林 林 |

 제 4 장

| 上 위 상 |  | 한 일(一)부, 총 3획 · 7급

물체가 기준선의 위에 있는 모양으로, '위'의 뜻을 나타냄.

▶ 上午(상오) : 오전.
▶ 上命(상명) : 상부의 명령. |

| 中 가운데 중 |  | 뚫을 곤(丨)부, 총 4획 · 8급

사물 한가운데를 꿰뚫은 모양으로, '가운데'의 뜻을 나타냄.

▶ 中立(중립) : 어느 쪽에도 치우치지 않고 공정한.
▶ 中心(중심) : 사물의 한가운데. |

| 下 아래 하 |  | 한 일(一)부, 총 3획 · 7급

물체가 기준선의 아래에 있는 모양으로, '아래'의 뜻을 나타냄.

▶ 下校(하교) : 학교에서 집으로 돌아옴.
▶ 地下水(지하수) : 땅 속에 흐르는 물. |

한자의 뜻과 음을 생각하며, 순서에 따라 써 보세요.

| 上 위 상 | 一 ト 上 上 上 上 上 上 上 |

| 中 가운데 중 | ㅣ ㅁ ㅁ 中 中 中 中 中 中 中 |

| 下 아래 하 | 一 ㄒ 下 下 下 下 下 下 下 |

제 5 장

왼 **좌**

장인 공(工)부, 총 5획 — 7급

왼손에 공구를 쥐고 오른손이 하는 일을 돕는다는 데서 '왼쪽'의 뜻을 나타냄.

▶ 左右(좌우) : 왼쪽과 오른쪽.
▶ 左手(좌수) : 왼손.

오른 **우**

입 구(口)부, 총 5획 — 7급

오른손으로 음식을 먹는다는 데서 '오른쪽'의 뜻을 나타냄.

▶ 右手(우수) : 오른손.
▶ 右足(우족) : 오른발.

안 **내**

들 입(入)부, 총 4획 — 7급

사람이 집 안으로 들어간다는 데서 '안'의 뜻을 나타냄.

▶ 內心(내심) : 속마음.
▶ 室內(실내) : 방이나 건물 따위의 안.

한자의 뜻과 음을 생각하며, 순서에 따라 써 보세요.

左 왼 좌	一 ナ ナ 右 左 좌 좌 좌 좌 좌 좌
右 오른 우	一 ナ 右 右 右 右 右 右 右 右 右
內 안 내	丨 冂 内 內 內 內 內 內 內 內

 제 5 장

外

바깥 외

저녁 석(夕)부, 총 5획   8급

점은 보통 아침에 치는데 저녁에 치는 것은 예외라는 데서 '바깥'의 뜻을 나타냄.

▶ 外面(외면) : 받아들이지 않고 무시함.
▶ 外出(외출) : 밖으로 나감.

間

사이 간

문 문(門)부, 총 12획   7급

문틈으로 햇빛이 들어온다는 데서 '사이, 틈'의 뜻을 나타냄.

▶ 空間(공간) : 아무것도 없이 비어 있는 곳.
▶ 間食(간식) : 끼니 외에 먹는 음식.

寸

마디 촌

마디 촌(寸)부, 총 3획   8급

손목에서 맥박이 뛰는 곳까지의 거리가 손가락 한 마디의 길이라는 데서 '마디'의 뜻을 나타냄.

▶ 寸數(촌수) : 친족 간의 멀고 가까운 관계를 나타내는 수.
▶ 四寸(사촌) : 아버지의 친형제의 아들이나 딸.

한자의 뜻과 음을 생각하며, 순서에 따라 써 보세요.

外	ノ ク タ 列 外
바깥 외	外 外 外 外 外 外

間	丨 冂 冂 冃 冃 門 門 門 門 間 間 間
사이 간	間 間 間 間 間 間

寸	一 十 寸
마디 촌	寸 寸 寸 寸 寸 寸

 제 5장

큰 대(大)부, 총 3획　8급

사람이 팔과 다리를 크게 벌리고 서 있는 모양으로, '크다'의 뜻을 나타냄.

 大軍(대군) : 병사의 수가 많은 군대.
 大地(대지) : 넓은 땅.

큰 대

작을 소(小)부, 총 3획　8급

큰 물체에서 떨어져 나간 작은 모양으로, '작다'의 뜻을 나타냄.

▶ 小國(소국) : 작은 나라.
▶ 小食(소식) : 음식을 적게 먹는 일.

작을 소

마을 리(里)부, 총 9획　7급

사람이 등에 무거운 짐을 진 모양으로, '무겁다'는 뜻을 나타냄.

▶ 重大(중대) : 매우 중요함.
▶ 重力(중력) : 지구 위의 물체가 지구로부터 받는 힘.

무거울 중

42

한자의 뜻과 음을 생각하며, 순서에 따라 써 보세요.

大 큰 대	一 ナ 大 大 大 大 大 大 大
小 작을 소	亅 小 小 小 小 小 小 小 小
重 무거울 중	一 二 亠 六 盲 盲 盲 重 重 重 重 重 重 重 重

제 **6** 장

 긴·어른 **장**		긴 장(長)부, 총 8획 · 8급 수염이 긴 노인의 모습을 본뜬 글자로, '길다'의 뜻을 나타냄. ▶ 長男(장남) : 큰아들. ▶ 校長(교장) : 학교를 대표하는 어른.
 온전 **전**		들 입(入)부, 총 6획 · 7급 구슬을 잘 다듬어 집 안에 들여놓고 온전하게 간직한다는 데서 '온전하다'의 뜻을 나타냄. ▶ 全校生(전교생) : 한 학교 학생의 전체. ▶ 全力(전력) : 가지고 있는 모든 힘.
 마음 **심**		마음 심(心)부, 총 4획 · 7급 사람의 심장 모양을 본뜬 글자로, '마음'의 뜻을 나타냄. ▶ 心氣(심기) : 마음으로 느끼는 기분. ▶ 心算(심산) : 속셈.

한자의 뜻과 음을 생각하며, 순서에 따라 써 보세요.

長 긴·어른 장	一 厂 厂 厂 F 토 토 長 長 長 長 長 長 長 長 長

全 온전 전	ノ 入 入 仝 仝 全 全 全 全 全 全 全

心 마음 심	ノ 心 心 心 心 心 心 心 心 心

 제 6 장

口 입 구		입 구(口)부, 총 3획　 사람의 벌린 입 모양을 본뜬 글자로, '입'의 뜻을 나타냄. ▶ 食口(식구) : 한 집에 살며 끼니를 같이하는 사람. ▶ 入口(입구) : 들어가는 문이나 어귀.
手 손 수		손 수(手)부, 총 4획　 다섯 손가락을 편 사람의 손 모양을 본뜬 글자로, '손'의 뜻을 나타냄. ▶ 手工(수공) : 손으로 하는 공예. ▶ 歌手(가수) : 노래를 부르는 일을 직업으로 삼는 사람.
足 발·넉넉할 족		발 족(足)부, 총 7획　 사람의 발 모양을 본뜬 글자로, '발'의 뜻을 나타냄. ▶ 手足(수족) : 손발. 손발처럼 마음대로 부리는 사람. ▶ 不足(부족) : 넉넉하지 않음.

한자의 뜻과 음을 생각하며, 순서에 따라 써 보세요.

口 입 구	ㅣ ㄇ 口 口 口 口 口 口 口
手 손 수	ノ 二 三 手 手 手 手 手 手 手
足 발·넉넉할 족	ㅣ ㄇ 口 尸 尸 足 足 足 足 足 足 足 足

 제 6 장

祖 할아비 조		보일 시(示)부, 총 10획 — 7급 제단에 제물을 차려 놓고 제사를 지내는 모습을 본뜬 글자로, '조상(할아버지)'의 뜻을 나타냄. ▶ 祖父(조부) : 할아버지. ▶ 祖上(조상) : 돌아간 어버이 위로 대대의 어른.
父 아비 부		아비 부(父)부, 총 4획 — 8급 돌도끼를 들고 일하는 사람이라는 데서 '아버지'의 뜻을 나타냄. ▶ 父子(부자) : 아버지와 아들. ▶ 學父母(학부모) : 학교에 다니는 아동의 부모.
母 어미 모		어미 모(母)부, 총 5획 — 8급 아이에게 젖을 먹이는 여자라는 데서 '어머니'의 뜻을 나타냄. ▶ 母校(모교) : 자기가 배우고 졸업한 학교. ▶ 生母(생모) : 자기를 낳은 어머니.

한자의 뜻과 음을 생각하며, 순서에 따라 써 보세요.

祖 할아비 조	一 丁 丁 丁 千 禾 利 利 袒 袒 祖 祖 祖 祖 祖 祖 祖

父 아비 부	ノ 丷 グ 父 父 父 父 父 父 父

母 어미 모	ㄴ 丹 母 母 母 母 母 母 母 母 母

4장~6장까지 공부한 한자를 테스트 해 보세요.

실전 익히기

1 다음 漢字語(한자어)에 맞는 讀音(독음)을 연결하세요.

(1) 山川 •　　　　　•　① 부모

(2) 海上 •　　　　　•　② 해상

(3) 父母 •　　　　　•　③ 중대

(4) 重大 •　　　　　•　④ 산천

2 다음 문장에서 밑줄 친 漢字語(한자어)의 讀音(독음)을 쓰세요.

(1) 祖父님께서 어제 시골에서 올라오셨다. (　　　　)

(2) 지난 일요일 우리는 山林 보호 활동을 하였다. (　　　　)

(3) 요즘 일이 너무 많아 독서할 時間이 없다. (　　　　)

(4) 선생님께서 원고지 10매 內外의 독후감쓰기를 숙제로 내주셨다. (　　　　)

3 다음 □ 안에 알맞은 漢字(한자)의 訓(훈)을 쓰세요.

(1) 左右 (□ 좌, □ 우)　　(2) 手足 (□ 수, □ 족)

(3) 全心 (□□ 전, □□ 심)

(4) 中間 (□□ 중, □□ 간)

4 다음 문장의 밑줄 친 낱말의 뜻에 맞는 漢字(한자)를 例(예)에서 찾아 그 번호를 쓰세요.

> 例　①口　②草　③手　④海

(1) 우리 나라는 삼면이 바다로 둘러싸여 있다. (　　)

(2) 하마는 커다란 입을 가지고 있다. (　　)

(3) 아이의 손에 아이스 크림이 들려 있었다. (　　)

(4) 언덕 위에서 소가 한가로이 풀을 뜯고 있었다. (　　)

5 다음 낱말의 뜻에 알맞은 漢字語(한자어)를 例(예)에서 찾아 그 번호를 쓰세요.

> 例　①地上　②內心　③海草　④中間

(1) 바다에서 나는 식물의 총칭. (　　)

(2) 땅 위. (　　)

(3) 두 사물의 사이. (　　)

(4) 실제의 속마음. (　　)

6 다음 문장의 밑줄 친 漢字語(한자어)를 漢字(한자)로 쓰세요.

(1) 부모님과 함께 박물관에 갔다. (　　)

(2) 그 사람의 심중을 헤아릴 수가 없다. (　　)

(3) 남해대교의 전장은 660 미터이다. (　　)

(4) 봄비가 대지를 촉촉히 적셔 주었다. (　　)

■ 만화로 배우는 고사성어

 ❖ 언뜻 보기에 아무 쓸모 없이 보이는 것도 반드시 쓸모가 있다는 말입니다.

無 用 之 用
없을 무　　쓸 용　　갈 지　　쓸 용

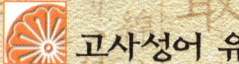 고사성어 유래

무용지용 (無用之用)

　무용지용이란 《장자(莊子)》의 〈인간세편(人間世編)〉에 나오는 것입니다.

　무용을 앎으로써 비로소 유용을 이야기할 수 있다는 것으로, 즉 길을 걸을 때 디디는 부분은 지면의 일부인데 지면에서 디디는 부분(유용)만을 남기고 그 밖의 부분(무용)을 깊게 파내 버린다면 과연 사람은 걸어다닐 수 있을 것인가?

　이처럼 아무 쓸모 없이 보이는 것도 모두 나름대로 쓸모가 있다는 말입니다.

제 7 장

兄		어진사람인발(儿)부, 총 5획 · 8급
형 형		집안에서 어진 말로 동생들을 타이르고 지도하는 사람이라는 데서 '형'의 뜻을 나타냄.
		▶ 兄夫(형부) : 언니의 남편. ▶ 兄弟(형제) : 형과 아우.

弟		활 궁(弓)부, 총 7획 · 8급
아우 제		말뚝에 새끼를 맬 때에는 반드시 차례대로 한다는 데서 형제간의 순서인 '아우'의 뜻을 나타냄.
		▶ 弟子(제자) : 스승의 가르침을 받은 사람. ▶ 子弟(자제) : 남을 높이어 그의 아들을 일컫는 말.

人		사람 인(人)부, 총 2획 · 8급
사람 인		사람이 옆으로 서 있는 모습을 본뜬 글자로, '사람'의 뜻을 나타냄.
		▶ 人力(인력) : 사람의 힘. ▶ 人心(인심) : 사람의 마음.

한자의 뜻과 음을 생각하며, 순서에 따라 써 보세요.

| 兄 형 형 | ㇒ ㇑ 口 口 尸 兄 |
| | 兄 兄 兄 兄 兄 兄 |

| 弟 아우 제 | ㇔ ㇔ 쓰 쓰 쓰 弟 弟 |
| | 弟 弟 弟 弟 弟 弟 |

| 人 사람 인 | ㇒ 人 |
| | 人 人 人 人 人 人 |

 제 7장

| 男
사내 남 |  | 밭 전(田)부, 총 7획 — 7급

밭에 나가 힘써 일하는 사람은 사내(남자)라는 데서 '사내'의 뜻을 나타냄.

▶ 男女老少(남녀노소) : 남자와 여자, 늙은이와 젊은이. 곧 모든 사람.
▶ 男便(남편) : 결혼하여 여자의 짝이 된 남자. |

| 女
계집 녀 |  | 계집 녀(女)부, 총 3획 — 8급

여자가 손을 모으고 무릎을 꿇고 앉은 모습을 본뜬 글자로, '여자'의 뜻을 나타냄.

▶ 女子(여자) : 여성인 사람.
▶ 女軍(여군) : 여자 군인. |

| 子
아들 자 |  | 아들 자(子)부, 총 3획 — 7급

사내아이가 양 팔을 벌리고 있는 모습을 본뜬 글자로, '아들'의 뜻을 나타냄.

▶ 子女(자녀) : 아들과 딸.
▶ 母子(모자) : 어머니와 아들. |

한자의 뜻과 음을 생각하며, 순서에 따라 써 보세요.

男 사내 남	ノ 口 田 田 田 男 男 男 男 男 男 男 男
女 계집 녀	く 女 女 女 女 女 女 女 女
子 아들 자	⁇ 了 子 子 子 子 子 子 子

 제 7 장

| 
늙을 **로** |  | 늙을 로(老)부, 총 6획 — 7급

지팡이를 짚고 걸어가는 노인의 모습을 본뜬 글자로, '늙다'의 뜻을 나타냄.

▶ 老人(노인) : 늙은 사람.
▶ 年老(연로) : 나이가 많음. |

| 
적을·젊을 **소** | 
  | 작을 소(小)부, 총 4획 — 7급

큰 바위가 여러 조각으로 부서져서 분량이 적어졌다는 데서 '적다'의 뜻을 나타냄.

▶ 少年(소년) : 완전히 성숙하지 않은 남자 아이.
▶ 少數(소수) : 적은 수효. |

| 
지아비 **부** |  | 큰 대(大)부, 총 4획 — 7급

상투를 튼 사람은 장가를 든 사람이라는 데서 '남편'의 뜻을 나타냄.

▶ 夫人(부인) : 남의 아내를 높이는 말.
▶ 農夫(농부) : 농사짓는 사람. |

한자의 뜻과 음을 생각하며, 순서에 따라 써 보세요.

老 늙을 로	一 十 土 耂 耂 老 老 老 老 老 老 老
少 적을·젊을 소	⌒ ⼩ 小 少 少 少 少 少 少 少
夫 지아비 부	一 二 夫 夫 夫 夫 夫 夫 夫 夫

 제 **8** 장

農 농사 농		별 진(辰)부, 총 13획 — 7급

농부가 밭에서 농기구를 들고 일한다는 데서 '농사'의 뜻을 나타냄.

▶ 農事(농사) : 논이나 밭에 곡류, 과일, 채소 등을 가꾸는 일.
▶ 農林(농림) : 농업과 임업.

工 장인 공		장인 공(工)부, 총 3획 — 7급

연장을 사용하여 일하는 사람이라는 데서 '장인'의 뜻을 나타냄.

▶ 工事(공사) : 토목, 건축 등의 일.
▶ 工場(공장) : 물건을 만드는 곳.

江 강 강		물 수(氵〈水〉)부, 총 6획 — 7급

냇물이 흘러 강을 이룬다는 데서 '강'의 뜻을 나타냄.

▶ 江南(강남) : 강의 남쪽 지방.
▶ 江山(강산) : 강과 산. 자연.

한자의 뜻과 음을 생각하며, 순서에 따라 써 보세요.

農 농사 농	ㄱ ㄲ ㅁ 曲 曲 曲 曲 芦 芦 芦 農 農 農 農 農 農 農 農 農
工 장인 공	一 丅 工 工 工 工 工 工 工
江 강 강	丶 丶 氵 汀 江 江 江 江 江 江 江 江

 제 8 장

村 마을 촌

나무 목(木)부, 총 7획 7급

나무를 중심으로 질서 있게 모여 산다는 데서 '마을'의 뜻을 나타냄.

▶ 江村(강촌) : 강가의 마을.
▶ 村老(촌로) : 마을의 늙은이.

東 동녘 동

나무 목(木)부, 총 8획 8급

해가 떠오를 때 나무 사이로 보이는 모양을 본뜬 글자로, 해 뜨는 방향이 동쪽이라는 데서 '동쪽'의 뜻을 나타냄.

▶ 東大門(동대문) : 조선 시대에 세운 4대문 가운데 하나로, 우리 나라 보물 제1호.
▶ 東海(동해) : 동쪽에 있는 바다.

西 서녘 서

덮을 아(襾)부, 총 6획 8급

새가 둥지로 돌아와 앉은 모양을 본뜬 글자로, 해질 무렵에 새가 둥지로 돌아온다는 데서 '서쪽'의 뜻을 나타냄.

▶ 西海(서해) : 서쪽에 있는 바다.
▶ 西山(서산) : 서쪽에 있는 산.

한자의 뜻과 음을 생각하며, 순서에 따라 써 보세요.

村 마을 촌	一 十 才 木 村 村 村 村 村 村 村 村
東 동녘 동	一 ㄱ ㄲ ㅌ 亘 亘 車 東 東 東 東 東 東 東 東
西 서녘 서	一 ㄱ ㄲ 丙 西 西 西 西 西 西 西 西

 제 8 장

南 남녘 남

열 십(十)부, 총 9획 · 8급

종 모양의 악기를 본뜬 글자로, 고대 중국 남쪽의 민족이 사용했다는 데서 '남쪽'의 뜻을 나타냄.

▶ 南門(남문) : 남쪽으로 난 문.
▶ 南海(남해) : 남쪽에 있는 바다.

北 북녘 북

비수 비(匕)부, 총 5획 · 8급

두 사람이 서로 등지고 있는 모습을 본뜬 글자로, 등진 쪽이 북쪽을 가리킨다는 데서 '북쪽'의 뜻을 나타냄.

▶ 北上(북상) : 북쪽으로 올라감.
▶ 江北(강북) : 강의 북쪽. 서울에서 한강의 이북 지역을 이르는 말.

門 문 문

문 문(門)부, 총 8획 · 8급

문의 모양을 본뜬 글자로, '문'의 뜻을 나타냄.

▶ 校門(교문) : 학교의 문.
▶ 正門(정문) : 건물의 앞쪽 면에 있는 문.

한자의 뜻과 음을 생각하며, 순서에 따라 써 보세요.

南
남녘 남

北
북녘 북

門
문 문

제 9 장

前 앞 전

칼 도방(刂〈刀〉)부, 총 9획   7급

매어 둔 배의 줄을 자르면 앞으로 배가 나간다는 데서 '앞'의 뜻을 나타냄.

▶ 前年(전년) : 지난 해.
▶ 前方(전방) : 앞쪽.

後 뒤 후

두인변(彳)부, 총 9획   7급

길을 갈 때에 걸음이 더뎌 뒤쳐진다는 데서 '뒤'의 뜻을 나타냄.

▶ 後門(후문) : 뒤쪽에 있는 문.
▶ 食後(식후) : 밥을 먹은 뒤.

方 모 방

모 방(方)부, 총 4획   7급

본래의 의미는 '쟁기'였으나 후에 의미가 변하여 '네모, 방법' 등의 뜻으로도 쓰임.

▶ 地方(지방) : 어느 방면의 땅.
▶ 方面(방면) : 어떤 장소나 지역이 있는 방향.

한자의 뜻과 음을 생각하며, 순서에 따라 써 보세요.

前 앞 전	` ` ` ｢ ｢ ｢ 甘 前 前 前 前 前 前 前 前 前
後 뒤 후	` ` ｢ ｢ ｢ ｢ ｢ 後 後 後 後 後 後 後 後
方 모 방	` ` 亠 方 方 方 方 方 方 方

 제 9 장

入
들 입

들 입(入)부, 총 2획 · 7급

나무의 갈라진 틈 사이로 칼이 들어가 있는 모양을 본뜬 글자로, '들어가다' 의 뜻을 나타냄.

▶ 入國(입국) : 국경 안으로 들어가는 것.
▶ 入學(입학) : 학교에 들어가는 것.

學
배울 학

아들 자(子)부, 총 16획 · 8급

집 안에서 아이들이 공부하는 모습을 나타낸 글자로, '배우다'의 뜻을 나타냄.

▶ 學生(학생) : 학교에 다니면서 공부하는 사람.
▶ 學校(학교) : 교육에 필요한 시설을 갖추고 학생들을 교육하는 기관.

登
오를 등

필발머리(癶)부, 총 12획 · 7급

제사에 쓰이는 그릇을 두 손으로 받들어 제단 위로 걸어 올라간다는 데서 '오르다'의 뜻을 나타냄.

▶ 登校(등교) : 학교에 가는 것.
▶ 登山(등산) : 산에 올라가는 것.

한자의 뜻과 음을 생각하며, 순서에 따라 써 보세요.

入 들 입	ノ 入 入 入 入 入 入 入
學 배울 학	゛゛゛F F F゛ 臼 臼 臼 臼 與 與 學 學 學 學 學 學 學 學
登 오를 등	ㄱ ㅋ ダ ㅆ ㅆ ㅆ ㅆ 叺 叺 登 登 登 登 登 登 登 登 登

71

 제 9 장

校		나무 목(木)부, 총 10획 · 8급
학교 교		나무로 만든 집에서 사람을 사귄다는 데서 '학교'의 뜻을 나타냄.
		▶ 校門(교문) : 학교의 정문. ▶ 校歌(교가) : 학교를 상징하는 노래.

先		어진사람인발(儿)부, 총 6획 · 8급
먼저 선		남보다 앞서 간 사람이 먼저라는 데서 '먼저'의 뜻을 나타냄.
		▶ 先生(선생) : 가르치는 사람. ▶ 先山(선산) : 조상의 무덤이 있는 곳.

立		설 립(立)부, 총 5획 · 7급
설 립		사람이 다리를 벌리고 땅 위에 서 있는 모습을 본뜬 글자로, '서다, 세우다'의 뜻을 나타냄.
		▶ 立場(입장) : 처지. ▶ 自立(자립) : 스스로 섬.

한자의 뜻과 음을 생각하며, 순서에 따라 써 보세요.

校 학교 교

一 十 才 木 朴 村 村 柊 校 校
校 校 校 校 校 校

先 먼저 선

丿 ㄏ ㅗ 生 失 先
先 先 先 先 先 先

立 설 립

丶 ㅗ 亠 す 立
立 立 立 立 立 立

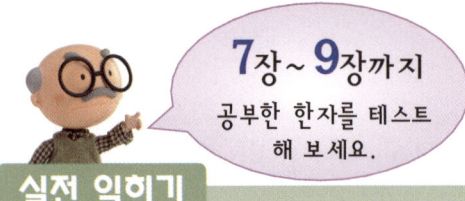

실전 익히기

1 다음 漢字語(한자어)에 맞는 讀音(독음)을 연결하세요.

(1) 兄弟 •   • ① 형제
(2) 老少 •   • ② 학교
(3) 農村 •   • ③ 노소
(4) 學校 •   • ④ 농촌

2 다음 문장에서 밑줄 친 漢字語(한자어)의 讀音(독음)을 쓰세요.

(1) 일반적으로 60세 이상의 사람을 <u>老人</u>이라 한다. (   )

(2) 한강은 서울을 <u>東西</u>로 흐르는 강이다. (   )

(3) 옛 서울의 4대문 가운데 숭례문은 <u>南門</u>이다. (   )

(4) 지난 해에 군대에 간 형은 <u>前方</u>에서 근무하고 있다. (   )

3 다음 □ 안에 알맞은 漢字(한자)의 訓(훈)을 쓰세요.

(1) 男子 (□□ 남, □□ 자)
(2) 少女 (□□ 소, □□ 녀)
(3) 門前 (□ 문, □ 전)
(4) 登校 (□□ 등, □□ 교)

4 다음 문장의 밑줄 친 낱말의 뜻에 맞는 漢字(한자)를 例(예)에서 찾아 그 번호를 쓰세요.

> 例   ① 登   ② 後   ③ 村   ④ 弟

(1) 나는 집에 가면 항상 <u>동</u>생을 돌봐 준다. (   )

(2) 우리 <u>마을</u> 입구에는 오래 된 당산나무가 서 있다. (   )

(3) 내 <u>뒤</u>로도 많은 사람들이 줄 서 있었다. (   )

(4) 일요일이면 산을 <u>오르</u>는 사람들로 북적거린다. (   )

5 다음 낱말의 뜻에 알맞은 漢字語(한자어)를 例(예)에서 찾아 그 번호를 쓰세요.

> 例   ① 母子   ② 弟子   ③ 先山   ④ 江村

(1) 스승의 가르침을 받은 사람. (   )

(2) 어머니와 아들. (   )

(3) 강가의 마을. (   )

(4) 조상의 무덤이 있는 곳. (   )

6 다음 문장의 밑줄 친 漢字語(한자어)를 漢字(한자)로 쓰세요.

(1) 우리 나라는 남북으로 갈라져 있는 <u>분단</u> 국가이다. (   )

(2) 우리 학교는 일요일에도 <u>교문</u>을 열어 놓는다. (   )

(3) 그 일은 <u>선후</u>가 뒤바뀌었다. (   )

(4) 동쪽 방향이나 지역을 <u>동방</u>이라 한다. (   )

■ 만화로 배우는 고사성어

❖ 문 앞에 사람이 많아 시장을 이룬다는 뜻으로, 부귀와 권세를 누리는 사람의 집 앞에는 방문객이 끊이지 않는다는 말입니다.

門 前 成 市
문 문   앞 전   이룰 성   저자 시

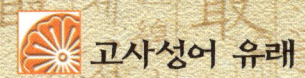
고사성어 유래

문전성시 (門前成市)

'문전성시'란 《한서(漢書)》의 〈정숭전(鄭崇傳)〉에 나오는 말입니다.

중국 한나라 애제(哀帝)는 스무 살에 즉위했지만 정치의 실권은 외척의 수중에 있고 헛된 황제의 빈 자리만 지키게 되었습니다.

이런 애제에게 정숭(鄭崇)이란 충신이 있었는데 정숭은 항상 바른 말을 하며 바른 정치를 할 것을 당부했습니다.

그러나 애제는 점점 자포자기하게 되었고, 정숭을 시기하던 간신들은 그를 모함하기 시작했습니다.

"정숭은 왕실의 여러 사람들과 통하고 있으며 어떤 좋지 못한 일을 꾸미고 있는 것 같습니다."

이런 말을 들은 애제는 정숭을 문책하였습니다.

"그대의 집에는 언제나 많은 사람들이 모여 상의를 한다는데, 도대체 무엇 때문인가?"

"저희 집에는 시장과 같이 많은 손님들이 모여들지만, 저의 마음은 언제나 물과 같이 맑습니다."

그러나 애제는 정숭의 말을 믿지 않고 감옥에 가두었습니다. 그 후 정숭은 결국 감옥에서 억울하게 죽고 말았습니다.

제 10 장

主 주인 주

점 주(丶)부, 총 5획 · 7급

촛대에서 타오르는 불꽃 모양을 본뜬 글자로, 등불은 한 집안의 중심을 차지한다는 데서 '주인'의 뜻을 나타냄.

▶ 主力(주력) : 중심이 되는 힘.
▶ 主人(주인) : 한 집안을 꾸려 나가는 주된 사람.

問 물을 문

입 구(口)부, 총 11획 · 7급

문에 들어설 때에는 입으로 안부를 묻는다는 데서 '묻다'의 뜻을 나타냄.

▶ 東問西答(동문서답) : 엉뚱한 대답을 함.
▶ 學問(학문) : 지식을 배워서 익힘.

答 대답 답

대 죽(⺮〈竹〉)부, 총 12획 · 7급

대쪽에 글을 써 보내면 내용에 맞게 답장한다는 데서 '대답하다'의 뜻을 나타냄.

▶ 名答(명답) : 격에 들어맞게 썩 잘 한 답.
▶ 問答(문답) : 물음과 대답.

한자의 뜻과 음을 생각하며, 순서에 따라 써 보세요.

主 주인 주	` 亠 亍 主 主 主 主 主 主 主 主
問 물을 문	丨 冂 冂 冃 門 門 門 問 問 問 問 問 問 問 問 問 問
答 대답 답	ノ ト 上 オ 竹 竹 ⺮ 笂 笂 쏘 答 答 答 答 答 答 答 答

 제 10 장

敎 가르칠 교

등글월 문(攵〈攴〉)부, 총 11획 8급

회초리를 들고 아이를 가르치는 모습을 표현한 글자로, '가르치다'의 뜻을 나타냄.

▶ 敎生(교생) : 교육 실습생의 준말.
▶ 敎育(교육) : 가르쳐 기름.

育 기를 육

육달월(月〈肉〉)부, 총 8획 7급

태어난 아이를 키운다는 데서 '기르다'의 뜻을 나타냄.

▶ 育林(육림) : 나무를 심어 숲을 가꾸는 일.
▶ 生育(생육) : 낳아서 기르는 것.

室 집 실

갓머리(宀)부, 총 9획 8급

집에 이르러서 휴식을 취하는 곳이라는 데서 '집(방)'의 뜻을 나타냄.

▶ 室內(실내) : 건물이나 방의 안.
▶ 敎室(교실) : 학생들이 수업을 하는 방.

한자의 뜻과 음을 생각하며, 순서에 따라 써 보세요.

敎 가르칠 교	ノ ㄨ ㄠ ᆃ 耂 孝 孝 敎 敎 敎
育 기를 육	` 亠 产 云 育 育 育 育
室 집 실	` 宀 宀 宀 宀 宰 室 室

83

 제 10 장

文 글월 문

글월 문(文)부, 총 4획 7급

사람의 턱 밑에 옷깃이 서로 엇갈린 모양을 표현한 글자로, '글월'의 뜻을 나타냄.

▶ 文字(문자) : 글자. 의사 소통을 위한 기호.
▶ 文學(문학) : 인간의 사상을 언어로 나타낸 예술.

字 글자 자

아들 자(子)부, 총 6획 7급

한 집에서 아이가 계속 태어나듯이 글자도 늘어난다는 데서 '글자'의 뜻을 나타냄.

▶ 字數(자수) : 글자의 수.
▶ 正字(정자) : 서체가 바르고 또박또박 쓴 글자.

語 말씀 어

말씀 언(言)부, 총 14획 7급

사람들이 각자 자기의 생각을 말한다는 데서 '말씀'의 뜻을 나타냄.

▶ 語文(어문) : 말과 글.
▶ 外國語(외국어) : 다른 나라 말.

한자의 뜻과 음을 생각하며, 순서에 따라 써 보세요.

文
글월 문

丶 一 ナ 文

字
글자 자

丶 丷 宀 宀 宁 字

語
말씀 어

丶 亠 于 于 言 言 言 訂 語 語 語 語 語

제 11 장

갓머리(宀)부, 총 10획 — 7급

집 안에서 돼지를 잡아 놓고 제사를 지내는 데서 '집'의 뜻을 나타냄.

- ▶ 家長(가장) : 한 집안의 어른.
- ▶ 外家(외가) : 어머니의 친정.

집 가

사람인변(亻〈人〉)부, 총 7획 — 7급

사람이 계속 머물러 산다는 데서 '살다'의 뜻을 나타냄.

- ▶ 入住(입주) : 새 집에 들어가 삶.
- ▶ 住民(주민) : 일정한 곳에 자리를 잡고 사는 사람.

살 주

밥 식(食)부, 총 9획 — 7급

밥그릇을 본뜬 글자로, '밥', '먹다'의 뜻을 나타냄.

- ▶ 食口(식구) : 같은 집에서 식사와 주거를 같이 하는 사람.
- ▶ 食後(식후) : 식사 후.

밥·먹을 식

한자의 뜻과 음을 생각하며, 순서에 따라 써 보세요.

家 집 가	丶丶宀宁宁宇宇家家家 家 家 家 家 家 家
住 살 주	丿亻亻亻仁仹住 住 住 住 住 住 住
食 밥·먹을 식	丿人人今今仝食食食 食 食 食 食 食 食

 제 11 장

安 편안 안	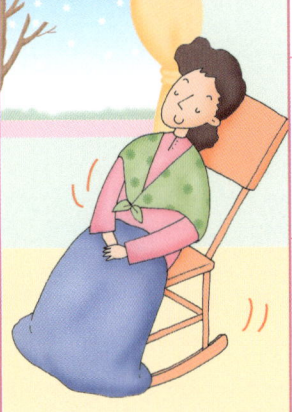	갓머리(宀)부, 총 6획　7급 여자가 집 안에 있어서 일을 잘 돌보아 주니 모두가 편하다는 데서 '편안하다'의 뜻을 나타냄. ▶ 安心(안심) : 아무 걱정 없이 마음을 편히 가짐. ▶ 安住(안주) : 자리잡고 편안하게 사는 것.
休 쉴 휴		사람인변(亻〈人〉)부, 총 6획　7급 사람이 나무 그늘에서 쉬고 있는 모양을 본뜬 글자로, '쉬다'의 뜻을 나타냄. ▶ 休日(휴일) : 쉬는 날. ▶ 休學(휴학) : 학교를 잠시 쉼.
所 바 소		지게 호(戶)부, 총 8획　7급 집 안에서 도끼를 보관하는 장소라는 데서 '곳, 바'의 뜻을 나타냄. ▶ 所有物(소유물) : 자기 것으로 가지고 있는 물건. ▶ 所生(소생) : 자기가 낳은 자녀.

한자의 뜻과 음을 생각하며, 순서에 따라 써 보세요.

安 편안 안
`丶丶宀宀安安`
安 安 安 安 安 安

休 쉴 휴
`丿亻仁什休休`
休 休 休 休 休 休

所 바 소
`丶⼘⼘⼾⼾所所所`
所 所 所 所 所 所

 제 11 장

車 수레 거·차		수레 거(車)부, 총 7획 — 7급 두 개의 바퀴 달린 수레의 옆모양을 본뜬 글자로, '수레'의 뜻을 나타냄. ▶ 車內(차내) : 차 안. ▶ 車道(차도) : 차가 다니는 길.

평평할 평 — 방패 간(干)부, 총 5획 — 7급

물 위에 뜬 부평초의 모양으로, 수평을 이룬다는 데서 '평평하다'의 뜻을 나타냄.

▶ 平時(평시) : 특별한 일이 없는 보통 때.
▶ 平地(평지) : 평평한 땅.

인간 세 — 한 일(一)부, 총 5획 — 7급

열 십(十)을 셋 합친 글자로, 한 세대가 30년이라는 데서 '인간'의 뜻을 나타냄.

▶ 世上(세상) : 사람이 살고 있는 모든 사회.
▶ 出世(출세) : 사회적으로 유명해짐.

한자의 뜻과 음을 생각하며, 순서에 따라 써 보세요.

車
수레 거·차

一 厂 戶 斤 百 亘 車
車 車 車 車 車 車

平
평평할 평

一 厂 厂 ㅠ 平
平 平 平 平 平 平

世
인간 세

一 十 卝 丗 世
世 世 世 世 世 世

제 12 장

春 봄 춘		날 일(日)부, 총 9획 — 7급 햇빛을 받아 풀이나 나무의 싹이 움트는 계절이라는 데서 '봄'의 뜻을 나타냄. ▶ 春秋(춘추) : 봄과 가을. 나이의 높임말. ▶ 春三月(춘삼월) : 봄 경치가 가장 좋은 시기인 음력 3월.
夏 여름 하	 	뒤쳐올 치(夊)부, 총 10획 — 7급 여름철 더위로 머리와 팔, 다리를 드러내 놓은 모습으로, '여름'의 뜻을 나타냄. ▶ 夏冬(하동) : 여름과 겨울. ▶ 立夏(입하) : 24절기 중의 하나로, 여름철로 접어드는 시기.
秋 가을 추	 	벼 화(禾)부, 총 9획 — 7급 벼가 햇볕을 받아 익는 계절이라는 데서 '가을'의 뜻을 나타냄. ▶ 秋山(추산) : 가을철의 산. ▶ 秋夕(추석) : 음력 8월 15일로 우리나라 명절의 하나.

한자의 뜻과 음을 생각하며, 순서에 따라 써 보세요.

春 봄 춘	一 二 三 声 夫 表 春 春 春

夏 여름 하	一 丆 丙 丙 百 百 戸 夏 夏

秋 가을 추	一 二 千 チ 禾 禾 私 秒 秋

 제 12 장

冬 겨울 동

이수변(冫)부, 총 5획 — 7급

사계절에서 찬 기운이 가득하여 모든 것이 얼어붙는 때라는 데서 '겨울'의 뜻을 나타냄.

▶ 立冬(입동) : 24절기의 하나로, 겨울이 시작되는 절기.
▶ 秋冬(추동) : 가을과 겨울.

午 낮 오

열 십(十)부, 총 4획 — 7급

들어올린 절굿공이의 모양을 본뜬 글자로, 12지(支)의 일곱 번째로 '낮'의 뜻을 나타냄.

▶ 午前(오전) : 낮 12시 이전.
▶ 午後(오후) : 낮 12시 이후.

夕 저녁 석

저녁 석(夕)부, 총 3획 — 7급

달 월(月)에서 1획을 뺀 모양으로, 아직 밤이 되지 않았다는 뜻에서 '저녁'의 뜻을 나타냄.

▶ 七夕(칠석) : 음력 7월 7일로 견우와 직녀가 만나는 날.
▶ 夕月(석월) : 저녁에 뜨는 달.

한자의 뜻과 음을 생각하며, 순서에 따라 써 보세요.

冬
겨울 동
ノ ク 夂 冬 冬

午
낮 오
ノ 二 午

夕
저녁 석
ノ ク 夕

 제 12 장

活		삼수변(氵〈水〉)부, 총 9획 7급
살 활		끊임없이 침이 혓바닥에 고이는 것은 살아 있다는 증거라는 데서 '살다'의 뜻을 나타냄.
		▶ 活力(활력) : 살아 움직이는 힘.
		▶ 生活(생활) : 사람이나 동물이 활동하며 살아감.

動		힘 력(力)부, 총 11획 7급
움직일 동		무거운 물건을 힘들여 들면 움직인다는 데서 '움직이다'의 뜻을 나타냄.
		▶ 動物(동물) : 짐승을 이르는 말.
		▶ 活動(활동) : 힘차게 몸을 움직임.

力		힘 력(力)부, 총 2획 7급
힘 력		팔뚝에 근육이 솟아오른 모양을 본뜬 글자로, '힘'의 뜻을 나타냄.
		▶ 水力(수력) : 물의 힘.
		▶ 重力(중력) : 지구 위의 물체가 지구로부터 받는 힘.

한자의 뜻과 음을 생각하며, 순서에 따라 써 보세요.

活 살 활	丶 氵 氵 氵 氵 汗 汗 活 活 活 活 活 活 活 活

動 움직일 동	一 二 亻 亻 亻 宀 宀 重 重 動 動 動 動 動 動 動 動

力 힘 력	フ 力 力 力 力 力 力 力

10장~12장까지 공부한 한자를 테스트해 보세요.

실전 익히기

1 다음 漢字語(한자어)에 맞는 讀音(독음)을 연결하세요.

(1) 問答　•　　　•　① 활동

(2) 休校　•　　　•　② 추석

(3) 秋夕　•　　　•　③ 휴교

(4) 活動　•　　　•　④ 문답

2 다음 문장에서 밑줄 친 漢字語(한자어)의 讀音(독음)을 쓰세요.

(1) 그는 집안이 어려워 **敎育**을 제대로 받지 못했다. (　　　)

(2) **文字** 그대로 아비규환이다. (　　　)

(3) 주어진 환경에 **安住**해서는 안 된다. (　　　)

(4) 그는 언제나 **活力**이 넘쳐 보인다. (　　　)

3 다음 □ 안에 알맞은 漢字(한자)의 訓(훈)을 쓰세요.

(1) 主食 (□□ 주, □ 식)

(2) 文語 (□□ 문, □□ 어)

(3) 平地 (□□□ 평, □ 지)

(4) 春夏 (□ 춘, □□ 하)

4 다음 문장의 밑줄 친 낱말의 뜻에 맞는 漢字(한자)를 例(예)에서 찾아 그 번호를 쓰세요.

> 例   ① 休   ② 冬   ③ 午   ④ 家

(1) 우리 집은 정원이 있는 단독 주택이다. (   )

(2) 우리 회사에는 잠시 쉴 수 있는 공간이 없다. (   )

(3) 지난 겨울에는 눈이 참 많이 내렸다. (   )

(4) 대부분의 사람들이 낮에 일하고 밤에는 쉰다. (   )

5 다음 낱말의 뜻에 알맞은 漢字語(한자어)를 例(예)에서 찾아 그 번호를 쓰세요.

> 例   ① 主語   ② 休日   ③ 家長   ④ 活動

(1) 문장의 주성분의 하나. (   )

(2) 한 집안의 어른. (   )

(3) 쉬는 날. (   )

(4) 힘차게 몸을 움직임. (   )

6 다음 문장의 밑줄 친 漢字語(한자어)를 漢字(한자)로 쓰세요.

(1) 우리 반 교실은 항상 정리 정돈이 잘 되어 있다. (   )

(2) 오늘은 평시와는 달리 백화점이 몹시 붐볐다. (   )

(3) 세간에 떠도는 소문에 의하면 우리 지역에 공업 단지가 조성된다고 한다. (   )

(4) 11월 7일경에 있는 24절기의 하나가 입동이다. (   )

■ 만화로 배우는 고사성어

백문불여일견

❖ 백 번 듣는 것이 한 번 보는 것만 못하다는 뜻으로, 경험이 중요하다는 것을 강조한 말입니다.

百 聞 不 如 一 見

일백 **백**   들을 **문**   아닐 **불**   같을 **여**   한 **일**   볼 **견**

예로부터 남녀는 유별하다 하여….

조용! 다들 조용히 해!

옛날에는 한 자리에 함께 하는 것은 물론, 밥도 따로 먹었다.

고사성어 유래

백문 불여일견 (百聞不如一見)

'백문 불여일견'이란 《한서(漢書)》의 〈조충국전(趙充國傳)〉에 나오는 말로, 백 번 듣는 것이 한 번 보는 것만 못하다는 뜻입니다.

한나라 선제 때 서북방에 사는 티벳계의 유목민이 반란을 일으키자, 선제는 그 때 이미 70을 넘긴 병법에 뛰어난 조충국에게 도움을 청했습니다. 그는 젊었을 때 여러 번이나 흉노와 싸움을 한 경험이 있었던 것입니다.

조 장군이 오자 선제는 어떻게 유목 민족을 무찌르겠느냐고 물었습니다. 그러자 조 장군은 다음과 같이 대답했습니다.

"백문이 불여일견이옵니다. 제가 직접 가서 어떻게 싸우면 이길 수 있을지 살펴보면서 방책을 세우게 해 주시면 좋겠습니다."

선제는 빙긋이 웃으며 조 장군의 청을 받아들였습니다.

조 장군은 현지 조사 후 치밀하게 작전을 세워 마침내 반란군을 진압할 수 있었습니다.

제 13 장

出  날 출

위튼입구몸(凵)부, 총 5획 · 7급

문턱을 딛고 나오는 발의 모양을 본뜬 글자로, '나가다', '나오다'의 뜻을 나타냄.

▶ 出生(출생) : 사람이 태어남.
▶ 出動(출동) : 활동하기 위해 목적지로 떠남.

生  날 생

날 생(生)부, 총 5획 · 8급

새싹이 땅 위로 돋아나서 자라는 모양을 본뜬 글자로, '낳다', '자라다'의 뜻을 나타냄.

▶ 生家(생가) : 태어난 집.
▶ 生水(생수) : 끓이거나 소독하지 않은 맑은 샘물.

孝  효도 효

아들 자(子)부, 총 7획 · 7급

아들이 늙은 어버이를 등에 업고 있다는 데서 '효도'의 뜻을 나타냄.

▶ 孝道(효도) : 부모를 잘 섬기는 도리.
▶ 孝心(효심) : 효성스런 마음.

한자의 뜻과 음을 생각하며, 순서에 따라 써 보세요.

出 날 출	ㅣ ㅏ ㅕ 出 出 出 出 出 出 出 出

生 날 생	ノ ㅏ ㅕ 屮 生 生 生 生 生 生 生

孝 효도 효	一 十 土 耂 耂 孝 孝 孝 孝 孝 孝 孝 孝

 제 13 장

姓
성 성

계집 녀(女)부, 총 8획 — 7급

여자에게서 태어난 혈통이 같은 겨레붙이라는 데서 '성, 씨족'의 뜻을 나타냄.

▶ 百姓(백성) : 나라의 근본을 이루는 일반 국민.
▶ 姓名(성명) : 성과 이름.

名
이름 명

입 구(口)부, 총 6획 — 7급

저녁이 되면 어두워서 사물을 잘 볼 수 없으므로 입으로 이름을 불러야 한다는 데서 '이름'의 뜻을 나타냄.

▶ 名所(명소) : 이름난 곳.
▶ 有名(유명) : 이름이 널리 알려짐.

記
기록할 기

말씀 언(言)부, 총 10획 — 7급

말이나 글을 새끼줄에 매듭짓듯 문자로 기록한다는 데서 '기록하다'의 뜻을 나타냄.

▶ 手記(수기) : 자신의 체험을 손수 적은 글.
▶ 記事(기사) : 사실을 적음.

한자의 뜻과 음을 생각하며, 순서에 따라 써 보세요.

姓 성 성	ㄑ ㄑ ㄑ 女 女 姓 姓 姓 姓 姓 姓 姓 姓 姓
名 이름 명	ノ ク タ タ 名 名 名 名 名 名 名 名
記 기록할 기	` 亠 ㄹ 言 言 言 記 記 記 記 記 記 記 記 記

107

 제 13 장

| 正
바를 정 |  | 그칠 지(止)부, 총 5획　7급

사람이 땅을 딛고 똑바로 서 있다는 데서 '바르다'의 뜻을 나타냄.

▶ 正氣(정기) : 바른 기풍 또는 의기.
▶ 正道(정도) : 올바른 길 또는 도리. |

| 直
곧을 직 |  | 눈 목(目)부, 총 8획　7급

여러 사람이 보면 숨겨진 것도 곧 밝혀진다는 데서 '곧다'의 뜻을 나타냄.

▶ 正直(정직) : 마음이 바르고 곧음.
▶ 直前(직전) : 바로 앞, 일이 생기기 바로 전. |

| 便
편할 편
오줌 변 |  | 사람인변(亻⟨人⟩)부, 총 9획　7급

사람이 불편함을 고친다는 데서 '편하다'의 뜻을 나타냄.

▶ 便安(편안) : 몸이나 마음이 편하고 좋음.
▶ 便所(변소) : 대소변을 볼 수 있게 만들어 놓은 곳. |

한자의 뜻과 음을 생각하며, 순서에 따라 써 보세요.

正 바를 정	一 丁 下 正 正 正 正 正 正 正 正

直 곧을 직	一 十 广 古 古 产 直 直 直 直 直 直 直 直

便 편할 편, 오줌 변	丿 亻 亻 亻 作 乍 何 便 便 便 便 便 便 便 便

제 14 장

事 — 일 사

갈고리 궐(亅)부, 총 8획 · 7급

깃발 달린 깃대를 손으로 세운다는 데서 '일하다'의 뜻을 나타냄.

▶ 事前(사전) : 일이 있기 전.
▶ 食事(식사) : 음식을 먹는 일.

物 — 물건 물

소 우(牛)부, 총 8획 · 7급

소가 농가의 가장 큰 재산인 것은 말할 필요도 없다는 데서 '물건'의 뜻을 나타냄.

▶ 萬物(만물) : 모든 물건.
▶ 生物(생물) : 자연물 가운데 생명을 가진 것의 총칭.

紙 — 종이 지

실 사(糸)부, 총 10획 · 7급

나무에서 나온 실 모양의 원료로 종이를 만든다는 데서 '종이'의 뜻을 나타냄.

▶ 休紙(휴지) : 못 쓰게 된 종이.
▶ 便紙(편지) : 소식을 서로 알리는 글.

한자의 뜻과 음을 생각하며, 순서에 따라 써 보세요.

事
일 사

一 ㄱ ㄲ 豆 亘 写 事
事 事 事 事 事 事

物
물건 물

丿 亠 ㅓ 牛 牜 牞 物 物
物 物 物 物 物 物

紙
종이 지

㇀ ㄥ ㄠ 幺 糸 糸 糿 紅 紙 紙
紙 紙 紙 紙 紙 紙

 제 14 장

空 빌 공

구멍 혈(穴)부, 총 8획 7급

연장을 사용하여 땅을 파낸 구멍이 비어 있다는 데서 '비다'의 뜻을 나타냄.

▶ 空白(공백) : 글씨나 그림이 없는 빈 곳.
▶ 空中(공중) : 하늘과 땅 사이의 빈 곳.

同 한가지 동

입 구(口)부, 총 6획 7급

여러 사람의 말이 하나가 된다는 데서 '한가지, 같다'의 뜻을 나타냄.

▶ 同時(동시) : 같은 때나 시기.
▶ 同一(동일) : 서로 같은 것.

場 마당 장

흙 토(土)부, 총 12획 7급

햇볕이 잘 드는 땅이라는 데서 '마당'의 뜻을 나타냄.

▶ 場所(장소) : 사람이나 사물이 있는 자리.
▶ 工場(공장) : 물건을 만드는 곳.

한자의 뜻과 음을 생각하며, 순서에 따라 써 보세요.

| 空
빌 공 | ` ´ ⼧ ⼧ 宀 空 空 空
空 空 空 空 空 空 |

| 同
한가지 동 | ⎮ ⎴ ⺆ 冂 同 同
同 同 同 同 同 同 |

| 場
마당 장 | 一 十 土 圤 圬 垆 圻 埸 埸 場 場 場
場 場 場 場 場 場 |

 제 14 장

| 電
번개 전 |  | 비 우(雨)부, 총 13획 7급
구름 사이로 나타나는 번갯불의 모양을 본뜬 글자로, '번개, 전기'의 뜻을 나타냄.
▶ 電氣(전기) : 전자의 이동으로 생기는 에너지의 한 형태.
▶ 電車(전차) : 전기에 의해 궤도 위를 달리는 차. |

| 氣
기운 기 |  | 기운기엄(气)부, 총 10획 7급
밥을 할 때 나오는 김을 나타낸 데서 '기운, 기체'의 뜻을 나타냄.
▶ 人氣(인기) : 세상 사람의 좋은 평판.
▶ 日氣(일기) : 날씨. |

| 不
아닐 불·부 |  | 한 일(一)부, 총 4획 7급
새가 하늘을 날아오르는 모양으로, 다시 돌아오지 않는다는 데서 '아니다'의 뜻을 나타냄.
▶ 不安(불안) : 마음이 편하지 못함.
▶ 不同(부동) : 서로 같지 않음. |

한자의 뜻과 음을 생각하며, 순서에 따라 써 보세요.

電 번개 전	一 亠 宀 帀 爫 雨 雨 雨 雪 雪 電 電 電 電 電 電 電 電
氣 기운 기	ノ ㄏ ㄷ 气 气 氕 氕 氣 氣 氣 氣 氣 氣 氣 氣 氣
不 아닐 불·부	一 ㄱ 不 不 不 不 不 不 不 不

제 15 장

| 花 꽃 화 |  | 초두머리(艹〈艸〉)부, 총 8획 7급

풀과 나무에서 새싹이 돋아나와 꽃이 된다는 데서 '꽃'의 뜻을 나타냄.

▶ 花草(화초) : 꽃이 피는 풀과 나무.
▶ 白花(백화) : 흰 꽃. |

| 植 심을 식 |  | 나무 목(木)부, 총 12획 7급

나무를 심을 때는 곧게 세워서 심는다는 데서 '심다, 세우다'의 뜻을 나타냄.

▶ 植木(식목) : 나무를 심음.
▶ 植物(식물) : 나무·꽃·풀 등의 총칭. |

| 韓 한국·나라 한 |  | 다룸가죽 위(韋)부, 총 17획 8급

아침에 햇빛을 받아 아름답게 빛난다는 의미에서 '한국'을 나타내는 뜻으로 사용됨.

▶ 韓食(한식) : 우리 나라 음식이나 식사.
▶ 韓紙(한지) : 닥나무 따위의 섬유를 사용하여 만든 종이. |

한자의 뜻과 음을 생각하며, 순서에 따라 써 보세요.

| 花 꽃 화 | ノ 十 廾 艹 艹 艻 花 花
花 花 花 花 花 花 |

| 植 심을 식 | 一 十 才 木 木 朾 枦 桁 桁 柿 植 植
植 植 植 植 植 植 |

| 韓 한국·나라 한 | 一 十 寸 古 古 古 directed 卓 卓 卓' 㲃 乾 幹 幹 韓 韓
韓 韓 韓 韓 韓 韓 |

 제 15 장

| 國 |  | 큰입구몸(口)부, 총 11획 — 8급 |

國

나라 국

큰입구몸(口)부, 총 11획　8급

창을 든 사람이 경계 안의 땅을 지킨다는 의미에서 '나라'의 뜻을 나타냄.

▶ 國立(국립) : 나라에서 세움.
▶ 國名(국명) : 나라의 이름.

軍

군사 군

수레 거(車)부, 총 9획　8급

전차를 둘러싸고 진을 이룬다는 데서 '군사'의 뜻을 나타냄.

▶ 國軍(국군) : 나라의 군인.
▶ 海軍(해군) : 바다를 지키는 군인.

旗

기 기

모 방(方)부, 총 14획　7급

펄럭이는 깃발 모양을 본뜬 글자로, '깃발'의 뜻을 나타냄.

▶ 旗手(기수) : 행렬이나 행진을 할 때 앞에서 기를 드는 사람.
▶ 軍旗(군기) : 군대의 깃발.

한자의 뜻과 음을 생각하며, 순서에 따라 써 보세요.

國 나라 국	丨 冂 冂 冃 冃 冋 冋 國 國 國 國 國 國 國 國 國 國
軍 군사 군	ᅳ 宀 冖 冖 冃 冒 冒 軍 軍 軍 軍 軍 軍 軍 軍
旗 기 기	⺁ ᅳ 方 方 方 㫃 㫃 㫃 㫃 旌 旗 旗 旗 旗 旗 旗 旗 旗 旗

 제 15 장

漢
한수 한

삼수변(氵〈水〉)부, 총 14획 7급

진흙이 많은 물이라는 데서 장강 상류인 '한수'의 뜻을 나타냄.

▶ 漢字(한자) : 중국의 글자.
▶ 漢江(한강) : 우리 나라 중부를 흐르는 강.

歌
노래 가

하품 흠(欠)부, 총 14획 7급

하품을 하듯 입을 벌리고 소리내어 노래를 부른다는 데서 '노래하다'의 뜻을 나타냄.

▶ 校歌(교가) : 학교를 상징하는 노래.
▶ 歌手(가수) : 직업으로 노래를 부르는 사람.

話
말씀·이야기 화

말씀 언(言)부, 총 13획 7급

혀를 움직여 말을 한다는 데서 '말하다, 이야기하다'의 뜻을 나타냄.

▶ 手話(수화) : 손짓으로 하는 말.
▶ 電話(전화) : 전화기로 말을 주고받는 일.

한자의 뜻과 음을 생각하며, 순서에 따라 써 보세요.

| 漢 한수 한 | 漢을 쓰는 순서대로 漢漢漢漢漢漢 |

| 歌 노래 가 | 歌를 쓰는 순서대로 歌歌歌歌歌歌 |

| 話 말씀·이야기 화 | 話를 쓰는 순서대로 話話話話話話 |

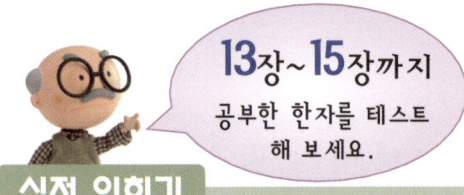

실전 익히기

1 다음 漢字語(한자어)에 맞는 讀音(독음)을 연결하세요.

(1) 姓名　•　　　•　① 국가
(2) 正直　•　　　•　② 정직
(3) 電氣　•　　　•　③ 성명
(4) 國歌　•　　　•　④ 전기

2 다음 문장에서 밑줄 친 漢字語(한자어)의 讀音(독음)을 쓰세요.

(1) 내가 **出生**한 곳은 서울이다. (　　　)

(2) 그는 **事物**을 보는 눈이 예리하다. (　　　)

(3) 부모님께 **不孝**한 자식이 되어서는 안 된다. (　　　)

(4) 우리 나라의 **國旗**는 태극기이다. (　　　)

3 다음 □ 안에 알맞은 漢字(한자)의 訓(훈)을 쓰세요.

(1) 空氣 (□ 공, □□ 기)
(2) 不同 (□□ 부, □□□ 동)
(3) 植物 (□□ 식, □ 물)
(4) 便安 (□□ 편, □□ 안)

4 다음 문장의 밑줄 친 낱말의 뜻에 맞는 漢字(한자)를 例(예)에서 찾아 그 번호를 쓰세요.

> 例   ①場   ②記   ③話   ④紙

(1) 박물관 견학 내용을 기록하여 선생님께 제출했다. (   )

(2) 펄프는 종이의 원료로 쓰인다. (   )

(3) 마당에는 닭들이 한가로이 모이를 쪼고 있다. (   )

(4) 부모님께서 말씀을 나누고 계셨다. (   )

5 다음 낱말의 뜻에 알맞은 漢字語(한자어)를 例(예)에서 찾아 그 번호를 쓰세요.

> 例   ①便紙   ②軍旗   ③明記   ④正直

(1) 어떤 사실이나 내용을 똑똑히 밝혀 기록하는 것. (   )

(2) 마음이 바르고 곧음. (   )

(3) 소식을 서로 알리는 글. (   )

(4) 군대의 깃발. (   )

6 다음 문장의 밑줄 친 漢字語(한자어)를 漢字(한자)로 쓰세요.

(1) 호두과자는 천안의 명물이다. (   )

(2) 한지는 닥나무 등의 섬유를 원료로 하여 우리 나라의 전통 제조법으로 만든 종이이다. (   )

(3) 차려 자세는 부동 자세이다. (   )

(4) 우리 나라의 국화는 무궁화이다. (   )

■ 만화로 배우는 고사성어

사면초가

❖ 사방에서 들려 오는 초나라의 노래라는 뜻으로, 사방이 모두 적에게 둘러싸여 꼼짝할 수 없다는 뜻입니다.

四 面 楚 歌
넉 사   낯 면   초나라 초   노래 가

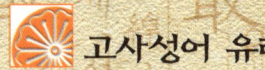 고사성어 유래

사면초가 (四面楚歌)

'사면초가'란 말은 《사기(史記)》의 〈항우본기(項羽本記)〉에 실려 있습니다.

중국 초나라의 항우와 한나라의 유방이 패권을 다투는 싸움을 벌이다 유방이 초나라를 포위했으나 어떻게 해야 할지 그 대책을 세우지 못하고 있었습니다.

그러자 유방의 부하인 장량이 한나라에 항복한 초나라 군사를 시켜 초나라 노래를 부르게 했습니다.

한편 항우는 사방에서 들려 오는 초나라 노랫소리를 듣고 놀라며 말했습니다.

"한나라는 벌써 초나라를 빼앗았는가? 어찌 저렇게 많은 초나라 군사들이 있단 말인가?"

초나라 군사들은 자기 나라의 노래를 듣자, 하나 둘 고향을 생각하게 되었습니다. 그리고 얼마 후 병사들은 대열을 빠져 나가 고향으로 돌아갔습니다.

제 16 장

흰 백

흰 백(白)부, 총 5획 8급

해의 빛이 위를 향한 모양으로, 햇빛이 비치면 밝고 희다는 데서 '희다'의 뜻을 나타냄.

▶ 白色(백색) : 하얀 빛깔.
▶ 白紙(백지) : 흰 종이.

푸를 청

푸를 청(靑)부, 총 8획 8급

풀과 우물의 모양을 합친 글자로, 모두 푸르다는 데서 '푸르다'의 뜻을 나타냄.

▶ 靑年(청년) : 젊은 사람.
▶ 靑色(청색) : 푸른색.

빛 색

빛 색(色)부, 총 6획 7급

사람의 마음이 얼굴에 나타난 것이 신표와 같다는 데서 '얼굴 빛, 색깔'의 뜻을 나타냄.

▶ 氣色(기색) : 얼굴에 나타난 생각이나 감정.
▶ 色紙(색지) : 물감을 들인 종이.

한자의 뜻과 음을 생각하며, 순서에 따라 써 보세요.

白	ノ ／ 冂 白 白
흰 백	白 白 白 白 白 白

靑	一 十 丰 主 青 青 青 青
푸를 청	靑 靑 靑 靑 靑 靑

色	ノ ク 夕 々 多 色
빛 색	色 色 色 色 色 色

 제 16 장

王 임금 왕

구슬 옥(王〈玉〉)부, 총 4획 8급

하늘·사람·땅을 이은 것으로, 이것을 통치하는 지배자라는 데서 '임금'의 뜻을 나타냄.

▶ 王子(왕자) : 임금의 아들.
▶ 王家(왕가) : 왕의 집안.

民 백성 민

각시 씨(氏)부, 총 5획 8급

날카로운 무기로 포로의 왼쪽 눈을 찔러 봉사가 된 모양을 본뜬 글자로, 아는 것이 없는 사람들이라는 데서 '백성'의 뜻을 나타냄.

▶ 民心(민심) : 국민의 마음.
▶ 住民(주민) : 일정한 곳에 자리를 잡고 사는 국민.

命 목숨 명

입 구(口)부, 총 8획 7급

임금은 입으로 명령 한 마디만 하면 백성의 목숨을 좌우지할 수 있다는 데서 '목숨'의 뜻을 나타냄.

▶ 生命(생명) : 살아 있는 목숨.
▶ 王命(왕명) : 임금님의 명령.

한자의 뜻과 음을 생각하며, 순서에 따라 써 보세요.

王 임금 왕	王 王 王 王 王 王 王
民 백성 민	民 民 民 民 民 民 民
命 목숨 명	命 命 命 命 命 命 命

 제 16 장

市 저자 시

수건 건(巾)부, 총 5획 — 7급

물건을 가지고 사람들이 시장 안으로 들어가는 모습을 본뜬 글자로, '저자(시장)'의 뜻을 나타냄.

▶ 市場(시장) : 여러 가지 물건을 사고 파는 장소.
▶ 市民(시민) : 도시에 사는 사람.

道 길 도

책받침(辶)부, 총 13획 — 7급

사람이 다니는 길이라는 데서 '길'의 뜻을 나타냄.

▶ 道民(도민) : 그 도 안에서 사는 사람.
▶ 車道(차도) : 차만 다니는 길.

邑 고을 읍

고을 읍(邑)부, 총 7획 — 7급

일정한 경계 안에 사람들이 모여 산다는 데서 '고을, 마을'의 뜻을 나타냄.

▶ 邑內(읍내) : 읍의 구역 안.
▶ 邑民(읍민) : 그 읍 안에서 사는 사람.

한자의 뜻과 음을 생각하며, 순서에 따라 써 보세요.

市 저자 시	市 市 市 市 市 市
道 길 도	道 道 道 道 道 道
邑 고을 읍	邑 邑 邑 邑 邑 邑

제 17 장

洞 — 마을 동

삼수변(氵〈水〉)부, 총 9획 — 7급

물이 있는 곳에 사람들이 모여 산다는 데서 '고을, 마을'의 뜻을 나타냄.

▶ 洞口(동구) : 마을 어귀.
▶ 洞長(동장) : 동사무소의 우두머리.

面 — 낯 면

낯 면(面)부, 총 9획 — 7급

사람의 얼굴을 본뜬 글자로, '낯(얼굴)'의 뜻을 나타냄.

▶ 方面(방면) : 전문적으로 뜻을 두거나 생각하는 분야.
▶ 水面(수면) : 물의 표면.

里 — 마을 리

마을 리(里)부, 총 7획 — 7급

농사지을 밭과 터가 있는 곳이라는 데서 '마을'의 뜻을 나타냄.

▶ 洞里(동리) : 마을.
▶ 十里(십리) : 거리를 나타내는 단위.

한자의 뜻과 음을 생각하며, 순서에 따라 써 보세요.

| 洞 마을 동 | 丶丶氵氵汩洞洞洞洞 |
| | 洞 洞 洞 洞 洞 洞 |

| 面 낯 면 | 一丆丆丙面面面面面 |
| | 面 面 面 面 面 面 |

| 里 마을 리 | 丨口日日甲里里 |
| | 里 里 里 里 里 里 |

 제 17 장

每 매양 매

말 무(母)부, 총 7획 — 7급

머리에 비녀를 꽂은 어머니의 모습을 본뜬 글자로, 어머니는 늘 자녀를 위해 희생한다는 데서 '매양'의 뜻을 나타냄.

▶ 每事(매사) : 하나하나의 일. 모든 일.
▶ 每日(매일) : 날마다.

有 있을 유

달 월(月)부, 총 6획 — 7급

손에 고기를 들고 있다는 데서 '있다'의 뜻을 나타냄.

▶ 有力(유력) : 힘이 있음.
▶ 有名(유명) : 세상에 이름이 널리 알려져 있음.

來 올 래

사람 인(人)부, 총 8획 — 7급

보리와 밀의 이삭을 본뜬 글자로, 보리와 밀은 하늘에서 내려왔다는 전설에서 '오다'의 뜻을 나타냄.

▶ 來日(내일) : 바로 다음 날.
▶ 來年(내년) : 올해의 바로 다음 해.

한자의 뜻과 음을 생각하며, 순서에 따라 써 보세요.

每
매양 매

有
있을 유

來
올 래

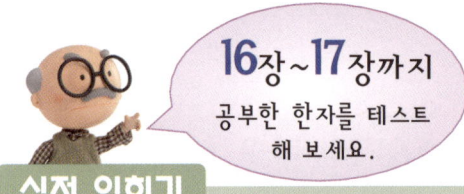

실전 익히기

1 다음 漢字語(한자어)에 맞는 讀音(독음)을 연결하세요.

(1) 白色 •   • ① 읍민
(2) 王命 •   • ② 백색
(3) 邑民 •   • ③ 왕명
(4) 洞里 •   • ④ 동리

2 다음 문장에서 밑줄 친 漢字語(한자어)의 讀音(독음)을 쓰세요.

(1) 파란색을 한자어로 <u>靑色</u>이라고 한다. (   )

(2) 어제는 우리 마을 <u>住民</u> 모두가 참석하는 체육 대회가 있었다.
(   )

(3) 그는 <u>每事</u>에 빈틈이 없다. (   )

(4) 금강산 경치는 아름답기로 <u>有名</u>하다. (   )

3 다음 □ 안에 알맞은 漢字(한자)의 訓(훈)을 쓰세요.

(1) 靑白 (□□ 청, □ 백)   (2) 市民 (□□ 시, □□ 민)

(3) 方面 (□ 방, □ 면)   (4) 來日 (□ 래, □ 일)

4 다음 문장의 밑줄 친 낱말의 뜻에 맞는 漢字(한자)를 例(예)에서 찾아 그 번호를 쓰세요.

> 例   ① 道   ② 命   ③ 來   ④ 每

(1) 조국을 위하여 목숨을 바쳤다. (   )

(2) 마을 사람들이 힘을 합하여 새로 길을 닦았다. (   )

(3) 그는 매양 실패를 되풀이한다. (   )

(4) 오는 말이 고와야 가는 말이 곱다. (   )

5 다음 낱말의 뜻에 알맞은 漢字語(한자어)를 例(예)에서 찾아 그 번호를 쓰세요.

> 例   ① 每事   ② 洞里   ③ 氣色   ④ 白紙

(1) 흰 종이. (   )

(2) 얼굴에 나타난 생각이나 감정. (   )

(3) 마을. (   )

(4) 모든 일. (   )

6 다음 문장의 밑줄 친 漢字語(한자어)를 漢字(한자)로 쓰세요.

(1) 여러 가지의 색지를 이용하여 그림을 그렸다. (   )

(2) 민심이 곧 천심이다. (   )

(3) 거울같이 잔잔한 수면 위에 비친 내 모습. (   )

(4) 나는 매일 아침 운동을 한다. (   )

■ 만화로 배우는 고사성어

 천 고 마 비

❖ 하늘은 높고 말은 살찐다는 뜻으로, 좋은 계절인 가을을 비유할 때 쓰는 말입니다.

天 高 馬 肥
하늘 천　　높을 고　　말 마　　살찔 비

이제 머잖아 가을이 오니까 우리 가을에 대해서 얘기해 보자.

스승님, 전요, 가을이 되면 책을 읽을 서예요.

그래, 청해가 아주 좋은 생각을 했구나. 그래 무슨 책?

자고로 가을은 독서의 계절이니까, 책다운 책!

음~. 연인들의 사랑을 노래한 순정 소설 어때요?

덱~

고사성어 유래

천고마비 (天高馬肥)

'천고마비'는 《한서(漢書)》의 〈흉노전(匈奴傳)〉에 나오는 말로, 하늘이 높고 말이 살찐다는 뜻입니다.

옛날의 중국은 흉노라는 북방 민족에게 침략을 당해 골머리를 썩고 있었습니다. 그래서 역대의 왕조는 이를 방어하기에 고심해 왔습니다.

흉노는 주에서 진, 한, 6조에 이르는 약 2000년 동안 중국의 골칫거리가 된 사나운 민족이었습니다.

진나라의 시황제는 이들을 멀리 쫓고 침입을 막기 위하여 만리장성을 쌓았고, 한나라는 미인을 그들의 수령에게 주어 달래기도 했습니다.

흉노는 말타기와 말 위에서 활쏘기에 능했고, 항상 무리를 지어 바람같이 쳐들어와서 사람과 가축을 살상하고 재물을 약탈한 다음엔 다시 바람같이 달아나는 것이었습니다.

그들은 중국 본토의 북쪽에 있는 넓디넓은 초원에서 방목과 수렵을 하며 지냈습니다. 초원에 사는 그들은 여자나 어린아이나 모두 말을 자기 몸의 일부처럼 자유자재로 타고 다녔습니다.

봄에서 여름에 걸쳐 풀밭에서 배부르게 풀을 뜯어 먹은 말은 가을이 되면 통통하게 살이 올랐습니다.

그러다 초원에 풀이 마르고, 혹독한 추위의 겨울이 왔습니다. 10월만 되면 대낮에도 영하로 내려가는 추위 때문에 방목은 불가능하였습니다.

살이 쪘던 말들도 이 겨울에는 제대로 먹지 못했기 때문에 봄이 왔을 때에는 바짝 말라 있었습니다. 봄 여름 동안의 축적이 없었다면 말은 굶주림과 추위에 견디지 못했을 것입니다.

가을이 오자 들판의 풀은 마르고 말은 살쪘습니다. 살찐 말을 타고 잘 다듬어진 활과 화살을 가진 흉노들이 겨울 먹이를 구하기 위해 중국 본토로 쳐들어왔던 것입니다. 그래서 가을이 되면 북방에 사는 중국 사람들은 항상 두려움에 떨었습니다.

自 · 信 · 滿 · 滿
自 · 信 · 滿 · 滿
自 · 信 · 滿 · 滿
自 · 信 · 滿 · 滿

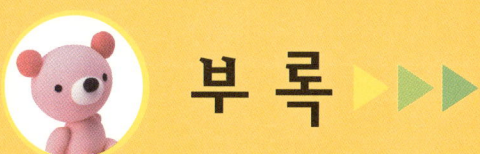

부록 ▶▶▶

1 부수의 위치와 명칭

머리 두
글자의 위쪽에 있는 부수

- 亠 돼지해머리   － 亡(망할 망), 交(사귈 교), 京(서울 경)
- 宀 갓머리(집 면) － 家(집 가), 安(편안 안), 字(글자 자)
- 艹(艸) 초 두   － 萬(일만 만), 花(꽃 화), 草(풀 초), 苦(괴로울 고)
- ⺮(竹) 대 죽   － 答(대답 답), 第(차례 제), 算(셈할 산)
- 雨 비 우   － 電(번개 전), 雪(눈 설), 雲(구름 운)

변
글자의 왼쪽에 있는 부수

- 亻(人) 사람인변 － 住(살 주), 便(편할 편), 休(쉴 휴)
- 冫 이수변   － 冬(겨울 동), 冷(찰 랭), 凍(얼 동)
- 氵(水) 삼수변 － 江(강 강), 洋(큰바다 양), 海(바다 해)
- 木 나무목변 － 校(학교 교), 村(마을 촌), 植(심을 식)
- 彳 두인변   － 役(부릴 역), 往(갈 왕), 後(뒤 후)
- 禾 벼 화   － 秋(가을 추), 私(사사로이할 사), 科(과정 과)
- 言 말씀 언   － 語(말씀 어), 話(말씀·이야기 화), 記(기록할 기)

발
글자의 아래쪽에 있는 부수

- 儿 어진사람인발 － 先(먼저 선), 兄(형 형), 光(빛 광)
- 心 마음심발   － 意(뜻 의), 感(느낄 감)
- 灬(火) 연화발(불 화) － 無(없을 무), 然(그럴 연), 熱(더울 열)
- 皿 그릇 명   － 益(더할 익), 盛(성할 성), 盡(다할 진)

방
글자의 오른쪽에 있는 부수

- 刂(刀) 선칼도방(칼도방) - 利(이로울 리), 列(벌일 렬), 前(앞 전)
- 阝(邑) 우부방(고을읍방) - 郡(고을 군), 都(도읍 도), 邦(나라 방)
- 卩 병부절 - 卯(토끼 묘), 印(도장 인), 却(물리칠 각)
- 欠 하품 흠 - 次(버금 차), 欲(하고자할 욕), 歌(노래 가)

엄
글자의 위와 왼쪽을 싸고 있는 부수

- 广 엄호(집 엄) - 度(법도 도), 序(차례 서), 庭(뜰 정)
- 尸 주검시엄(주검 시) - 居(살 거), 屋(집 옥), 局(판 국)

책받침
글자의 왼쪽과 밑을 싸고 있는 부수

- 辶(辵) 책받침(쉬엄쉬엄 갈 착) - 近(가까울 근), 道(길 도)
- 廴 민책받침(길게 걸을 인) - 建(세울 건), 廷(조정 정), 延(끌 연)

몸 (에운 담)
글자를 에워싸고 있는 부수

- 口 큰입구몸 - 四(넉 사), 國(나라 국), 困(곤할 곤)
- 門 문문몸 - 間(사이 간), 開(열 개), 閑(한가할 한)
- 凵 위튼입구몸 - 凶(흉할 흉), 出(날 출), 凹(오목할 요)

제부수
한 글자가 그대로 부수인 것

- 車 수레 거·차
- 金 쇠금, 성 김
- 身 몸 신
- 立 설 립
- 馬 말 마

2 필순

한자를 쓰는 차례를 필순이라고 하는데, 이 필순을 제대로 이해하고 있으면 자연스럽게 한자를 써내려 갈 수 있으며, 한자의 구조를 이해하거나 글자를 예쁘게 쓰는 데 큰 도움이 됩니다.

① 위에서 아래로 씁니다.
　예 三(석 삼) : 一 二 三
　예 王(임금 왕) : 一 T 干 王

② 왼쪽에서 오른쪽으로 씁니다.
　예 川(내 천) : 丿 丿丨 川
　예 外(바깥 외) : 丿 ク タ 夘 外

③ 가로획을 먼저 씁니다.
　예 木(나무 목) : 一 十 才 木
　예 土(흙 토) : 一 十 土

④ 가운데를 먼저 씁니다.
　예 山(메 산) : 丨 山 山
　예 水(물 수) : 亅 기 水 水

⑤ 몸(바깥 부분)을 먼저 씁니다.
　예 四(넉 사) : 丨 冂 冂 四 四
　예 同(한가지 동) : 丨 冂 冂 冋 同 同

⑥ 가운데를 꿰뚫는 획은 나중에 씁니다.
　예 母(어미 모) : 乚 乛 母 母 母
　예 中(가운데 중) : 丨 冂 口 中

⑦ 점은 맨 나중에 씁니다.
　예 犬(개 견) : 一 ナ 大 犬
　예 太(클 태) : 一 ナ 大 太

148

3 획과 명칭

한자는 여러 가지 선과 점으로 이루어져 있는데 이 선과 점을 획이라고 하며, 획을 잘 익혀야 바르고 아름다운 글씨를 쓸 수 있습니다.

획	명칭	획	명칭	획	명칭	획	명칭
丶	꼭지점	丁	왼갈고리	ㄱ	꺾은갈고리	ノ	삐침
′	왼점	ㅣ	오른갈고리	ㄱ	오른꺾음	丁	꺾어삐침
ヽ	오른점	ㄱ	평갈고리	ㄴ	왼꺾음	ノ	치킴
一	가로긋기	亅	치킴점	ヽ	파임	し	지게다리
ㅣ	세로긋기	)	세로굽은갈고리	辶	책받침	し	새가슴

4 자전 찾는 법

▶ **부수 색인 이용법** : 찾고자 하는 한자의 부수를 가려 내어 부수 색인에서 해당하는 부수가 실린 쪽수를 찾은 다음, 부수를 뺀 나머지 획수를 세어 찾는 방법.

▶ **총획 색인 이용법** : 찾고자 하는 한자의 음이나 부수를 모를 때는 획수를 세어 획수별로 구별해 놓은 총획 색인에서 그 글자를 찾은 다음, 거기에 나와 있는 쪽수를 확인하여 찾는 방법.

▶ **자음 색인 이용법** : 찾고자 하는 글자의 음을 알고 있을 때, 자음 색인에서 그 글자의 쪽수를 확인하여 찾는 방법.

5. 8급 배정한자 (50자)

ㄱ	校 학교 교	敎 가르칠 교	九 아홉 구	國 나라 국	軍 군사 군	金 쇠 금, 성 김	ㄴ
南 남녘 남	女 계집 녀	年 해 년	ㄷ	大 큰 대	東 동녘 동	ㄹ	六 여섯 륙
ㅁ	萬 일만 만	母 어미 모	木 나무 목	門 문 문	民 백성 민	ㅂ	白 흰 백
父 아비 부	北 북녘 북	ㅅ	四 넉 사	山 메 산	三 석 삼	生 날 생	西 서녘 서
先 먼저 선	小 작을 소	水 물 수	室 집 실	十 열 십	ㅇ	五 다섯 오	王 임금 왕
外 바깥 외	月 달 월	二 두 이	人 사람 인	一 한 일	日 날 일	ㅈ	長 긴·어른 장
弟 아우 제	中 가운데 중	ㅊ	靑 푸를 청	寸 마디 촌	七 일곱 칠	ㅌ	土 흙 토
ㅍ	八 여덟 팔	ㅎ	學 배울 학	韓 한국·나라 한	兄 형 형	火 불 화	

7급 배정한자 (150자 〈8급 배정한자+신습한자 100자〉)

ㄱ	家 집 가	歌 노래 가	間 사이 간	江 강 강	車 수레 거·차	工 장인 공	空 빌 공
口 입 구	旗 기 기	氣 기운 기	記 기록할 기	ㄴ	男 사내 남	內 안 내	農 농사 농
ㄷ	答 대답 답	道 길 도	冬 겨울 동	動 움직일 동	同 한가지 동	洞 마을 동	登 오를 등
ㄹ	來 올 래	力 힘 력	老 늙을 로	里 마을 리	林 수풀 림	立 설 립	ㅁ
每 매양 매	面 낯 면	名 이름 명	命 목숨 명	問 물을 문	文 글월 문	物 물건 물	ㅂ
方 모 방	百 일백 백	夫 지아비 부	不 아닐 불·부	ㅅ	事 일 사	算 셈할 산	上 위 상
色 빛 색	夕 저녁 석	姓 성 성	世 인간 세	少 적을·젊을 소	所 바 소	手 손 수	數 셈할 수

市	時	植	食	心	ㅇ	安	語
저자 시	때 시	심을 식	밥·먹을 식	마음 심		편안 안	말씀 어
然	午	右	有	育	邑	入	ㅈ
그럴 연	낮 오	오른 우	있을 유	기를 육	고을 읍	들 입	
子	字	自	場	全	前	電	正
아들 자	글자 자	스스로 자	마당 장	온전 전	앞 전	번개 전	바를 정
祖	足	左	主	住	重	地	紙
할아비 조	발·넉넉할 족	왼 좌	주인 주	살 주	무거울 중	땅 지	종이 지
直	ㅊ	千	天	川	草	村	秋
곧을 직		일천 천	하늘 천	내 천	풀 초	마을 촌	가을 추
春	出	ㅍ	便	平	ㅎ	下	夏
봄 춘	날 출		편할 편, 오줌 변	평평할 평		아래 하	여름 하
漢	海	花	話	活	孝	後	休
한수 한	바다 해	꽃 화	말씀·이야기 화	살 활	효도 효	뒤 후	쉴 휴

한자능력검정시험 안내

- **주　　관** | 사단법인 한국어문회
- **시　　행** | 한국한자능력검정회(www.hanja.re.kr)
- **시험 일시** | 1년에 2회(5월 셋째 주 토요일, 11월 첫째 주 토요일)
- **구　　분** |
  - 교육 급수 - 8급~4급Ⅱ
  - 공인 급수 - 4급~1급 (교육인적자원부 공인증서 제2000-1호)
- **급수별 합격 기준** | 1급은 출제 문항수의 80% 이상, 2급~8급은 70% 이상 득점하면 합격입니다.

급수별 합격 기준	8급	7급	6급Ⅱ	6급	5급	4급Ⅱ	4급	3급Ⅱ	3급	2급	1급
출제 문항수	50	70	80	90	100	100	100	150	150	150	200
합격 문항수	35	49	56	63	70	70	70	105	105	105	160
시험 시간(분)					50				60		90

- **유형별 출제 문항수**
  - 상위 급수 한자는 모두 하위 급수 한자를 포함하고 있습니다.
  - 쓰기 배정한자는 한두 아래 급수의 읽기 배정한자이거나 그 범위 내에 있습니다.
  - 아래의 출제 유형 기준표는 기본 지침 자료로서 출제자의 의도에 따라 약간의 차이가 있을 수 있습니다.

유형별 출제 문항수	8급	7급	6급Ⅱ	6급	5급	4급Ⅱ	4급	3급Ⅱ	3급	2급	1급
읽기 배정한자	50	150	300	300	500	750	1,000	1,400	1,807	2,350	3,500
쓰기 배정한자	0	0	50	150	300	400	500	750	1,000	1,807	2,000
독 음	25	32	32	33	35	35	30	45	45	45	50
훈 음	25	30	30	23	24	22	22	27	27	27	32
장단음	0	0	0	0	0	0	5	5	5	5	10
반의어	0	3	3	4	4	3	3	10	10	10	10
완성형	0	3	3	4	5	5	5	10	10	10	15
부 수	0	0	0	0	0	3	3	5	5	5	10
유의어	0	0	0	2	3	3	3	5	5	5	10
동음이의어	0	0	0	0	2	3	3	5	5	5	10
뜻풀이	0	2	2	2	3	3	3	5	5	5	10
약 자	0	0	0	0	3	3	3	3	3	3	3
한자쓰기	0	0	10	20	20	20	20	30	30	30	40

※ 이 외에 한국한자급수자격평가원 검정시험, 대한민국한자급수자격검정회 검정시험, 한국외국어자격평가원 검정시험 등이 있습니다.

 **뜻이 반대 또는 상대 되는 한자**

뜻이 반대 또는 상대 되는 한자

南 남녘 남	⟷	北 북녘 북	先 먼저 선	⟷	後 뒤 후
男 사내 남	⟷	女 계집 녀	水 물 수	⟷	火 불 화
內 안 내	⟷	外 바깥 외	手 손 수	⟷	足 발 족
大 큰 대	⟷	小 작을 소	王 임금 왕	⟷	民 백성 민
冬 겨울 동	⟷	夏 여름 하	日 날 일	⟷	月 달 월
東 동녘 동	⟷	西 서녘 서	前 앞 전	⟷	後 뒤 후
老 늙을 로	⟷	少 젊을 소	左 왼 좌	⟷	右 오른 우
問 물을 문	⟷	答 대답 답	天 하늘 천	⟷	地 땅 지
父 아비 부	⟷	母 어미 모	春 봄 춘	⟷	秋 가을 추
山 메 산	⟷	江 강 강 / 川 내 천	出 날 출	⟷	入 들 입
			學 배울 학	⟷	敎 가르칠 교
上 위 상	⟷	下 아래 하	兄 형 형	⟷	弟 아우 제

反對語 漢字 · 相對語 漢字

9 8급 예상문제

1 다음 글을 읽고 밑줄 친 漢字(한자)나 漢字語(한자어)의 讀音(독음)을 쓰세요. (1~15)

> 例   漢字 ⋯ 한자

- (1)八 (2)月 (3)十 (4)五 (5)日은 광복절입니다. 이 날 (6)父 (7)母님과 함께 독립 기념관을 견(8)學하기로 했습니다.

- 十月 (9)九日은 한글날입니다. 한글은 세종 (10)大(11)王 께서 만드셨습니다.

- 우리 나라는 (12)南과 (13)北으로 갈라진 분단 (14)國가이지만 같은 (15)韓 민족입니다.

(1) 八 (   )   (2) 月 (   )   (3) 十 (   )
(4) 五 (   )   (5) 日 (   )   (6) 父 (   )
(7) 母 (   )   (8) 學 (   )   (9) 九 (   )
(10) 大 (   )   (11) 王 (   )   (12) 南 (   )
(13) 北 (   )   (14) 國 (   )   (15) 韓 (   )

2 다음 漢字(한자)의 訓(훈=뜻)과 音(음=소리)을 쓰세요. (16~25)

> 例   音 ⋯ 소리 음

(16) 寸 (   )   (17) 軍 (   )
(18) 先 (   )   (19) 土 (   )

8급 예상문제

(20) 三 (　　　) 　　(21) 東 (　　　)

(22) 金 (　　　) 　　(23) 中 (　　　)

(24) 西 (　　　) 　　(25) 萬 (　　　)

3 다음에 알맞은 漢字(한자)를 例(예)에서 골라 그 번호를 쓰세요. (26~35)

例	①室 ②年 ③六 ④外 ⑤水
	⑥白 ⑦火 ⑧人 ⑨敎 ⑩女

(26) 바깥 외 (　　) 　(27) 해 년 (　　) 　(28) 계집 녀 (　　)

(29) 흰 백 (　　) 　(30) 사람 인 (　　) 　(31) 가르칠 교 (　　)

(32) 집 실 (　　) 　(33) 여섯 륙 (　　) 　(34) 물 수 (　　)

(35) 불 화 (　　)

4 다음 밑줄 친 낱말의 뜻에 알맞은 漢字(한자)를 例(예)에서 찾아 그 번호를 쓰세요. (36~40)

例	①山　②靑　③弟　④木　⑤兄

한결이는 지난 일요일에 (36)형, (37)동생과 함께 (38)산에 올랐습니다. (39)나무들이 빽빽이 들어선 (40)푸른 숲 속을 걸으니 기분이 상쾌했습니다.

(36) (　　) (37) (　　) (38) (　　) (39) (　　) (40) (　　)

8급 예상문제

5 아래 글의 ㉠과 ㉡의 (　) 속에 쓴 글자에 공통으로 쓰이는 漢字(한자)를 例(예)에서 골라 그 번호를 쓰세요. (41~43)

> 例　①西　②長　③校　④四　⑤生　⑥民

(41) ㉠ 우리 집은 아파트 (사)층에 있습니다.
　　 ㉡ 내년이면 (사)학년이 됩니다.　　(　　)

(42) ㉠ 우리 나라는 (민)주 국가입니다.
　　 ㉡ 우리 국(민)의 4대 의무는 납세, 교육, 국방, 근로의 의무입니다.　　(　　)

(43) ㉠ 나는 우리 집의 (장)남입니다.
　　 ㉡ 교(장) 선생님께서 말씀하십니다.　　(　　)

6 다음 글자들은 무슨 뜻이며 어떤 소리(음)로 읽을까요? 例(예)에서 골라 그 번호를 쓰세요. (44~50)

> 例　①가르치다　②낳다　③학교　④작다　⑤소　⑥교　⑦생　⑧문

(44) 校는 (　　)라는 뜻입니다.
(45) 校는 (　　)라고 읽습니다.
(46) 生은 (　　)라는 뜻입니다.
(47) 生은 (　　)이라고 읽습니다.
(48) 小는 (　　)라는 뜻입니다.
(49) 小는 (　　)라고 읽습니다.
(50) 門은 (　　)을 가리키는 글자입니다.

10 7급 예상문제

1 다음 漢字語(한자어)의 讀音(독음)을 쓰세요. (1~32)

| 例 | 漢字 ⋯▶ 한자 |

(1) 下山 (   )   (2) 算數 (   )   (3) 住所 (   )
(4) 靑色 (   )   (5) 草木 (   )   (6) 孝子 (   )
(7) 食事 (   )   (8) 重大 (   )   (9) 市長 (   )
(10) 軍歌 (   ) (11) 文物 (   ) (12) 每日 (   )
(13) 六十 (   ) (14) 母女 (   ) (15) 名門 (   )
(16) 生命 (   ) (17) 萬里 (   ) (18) 江南 (   )
(19) 安全 (   ) (20) 北方 (   ) (21) 白人 (   )
(22) 民心 (   ) (23) 農夫 (   ) (24) 國旗 (   )
(25) 東海 (   ) (26) 天地 (   ) (27) 春秋 (   )
(28) 電氣 (   ) (29) 午後 (   ) (30) 活動 (   )
(31) 上記 (   ) (32) 正直 (   )

2 다음 漢字(한자)의 訓(훈)과 音(음)을 쓰세요. (33~51)

| 例 | 字 ⋯▶ 글자 자 |

(33) 夕 (   )   (34) 同 (   )
(35) 老 (   )   (36) 時 (   )

158

7급 예상문제

(37) 有 (　　　)   (38) 植 (　　　)

(39) 洞 (　　　)   (40) 江 (　　　)

(41) 足 (　　　)   (42) 村 (　　　)

(43) 祖 (　　　)   (44) 自 (　　　)

(45) 前 (　　　)   (46) 重 (　　　)

(47) 登 (　　　)   (48) 五 (　　　)

(49) 世 (　　　)   (50) 紙 (　　　)

(51) 全 (　　　)

3 다음 漢字語(한자어)의 뜻을 쓰세요. (52~53)

(52) 三寸 (　　　　　　　)

(53) 歌手 (　　　　　　　)

4 다음 訓(훈)과 音(음)에 맞는 漢字(한자)를 例(예)에서 골라 그 번호를 쓰세요. (54~63)

例	① 答 ② 所 ③ 間 ④ 韓 ⑤ 冬
	⑥ 花 ⑦ 來 ⑧ 先 ⑨ 面 ⑩ 林

(54) 꽃 화 (　　)   (55) 나라 한 (　　)   (56) 먼저 선 (　　)

(57) 사이 간 (　　)   (58) 대답 답 (　　)   (59) 겨울 동 (　　)

(60) 올 래 (　　)   (61) 낯 면 (　　)   (62) 수풀 림 (　　)

(63) 바 소 (　　)

159

5 다음 漢字(한자)의 상대 또는 반대 되는 漢字를 例(예)에서 골라 그 번호를 쓰세요. (64~66)

| 例 | ① 少 | ② 出 | ③ 左 | ④ 前 |

(64) 右 - (   )　　(65) 入 - (   )　　(66) 老 - (   )

6 다음 괄호 속에 알맞은 漢字(한자)를 例(예)에서 골라 그 번호를 쓰세요. (67~69)

| 例 | ① 場 | ② 所 | ③ 物 | ④ 話 |

(67) 手 - (   ) : 손짓으로 하는 말.
(68) 工 - (   ) : 물건을 만드는 곳.
(69) 萬 - (   ) : 모든 물건.

7 다음 문장에서 밑줄 친 단어와 같은 뜻을 지닌 漢字(한자)를 例(예)에서 골라 그 번호를 쓰세요. (70)

| 例 | ① 木 | ② 林 | ③ 休 | ④ 安 |

(70) 오늘은 회사가 <u>쉬는</u> 날이다.　(   )

11 8급 기출문제

第21回 漢字能力檢定試驗 8級 2002. 6. 29

1 다음 글을 읽고 밑줄 친 漢字(한자)나 漢字語(한자어)의 讀音(독음)을 쓰세요. (1~16)

> 例   漢字 ⋯ 한자

- 지난 오월부터 우리 나라 (1)大(2)韓(3)民(4)國과 (5)日본에서 세계 (6)東(7)西(8)南(9)北의 사람들이 모여 월드 컵 축구 대회를 열었습니다.

- (10)六(11)月에는 현충일이 있고, (12)七월에는 제헌절이 있습니다. 그리고 (13)八월 (14)十(15)五일은 광복절입니다. 이 날은 모두 태극기를 다는 날입니다.

- 세종 대(16)王께서 만드신 한글을 기념하는 날은 언제입니까?

(1) 大 (   )   (2) 韓 (   )   (3) 民 (   )   (4) 國 (   )
(5) 日 (   )   (6) 東 (   )   (7) 西 (   )   (8) 南 (   )
(9) 北 (   )   (10) 六 (   ) (11) 月 (   ) (12) 七 (   )
(13) 八 (   ) (14) 十 (   ) (15) 五 (   ) (16) 王 (   )

2 다음 漢字(한자)의 訓(훈=뜻)과 音(음=소리)을 쓰세요. (17~25)

> 例   音 ⋯ 소리 음

(17) 水 (   )   (18) 長 (   )

8급 기출문제-1

(19) 父 (　　　)　　(20) 金 (　　　)

(21) 母 (　　　)　　(22) 軍 (　　　)

(23) 九 (　　　)　　(24) 木 (　　　)

(25) 四 (　　　)

3 다음에 알맞은 漢字(한자)를 例(예)에서 골라 그 번호를 쓰세요. (26~35)

例	① 中　② 年　③ 萬　④ 生　⑤ 寸
	⑥ 土　⑦ 室　⑧ 先　⑨ 學　⑩ 三

(26) 석 삼 (　　　)　　(27) 가운데 중 (　　　)　　(28) 먼저 선 (　　　)

(29) 일만 만 (　　　)　　(30) 흙 토 (　　　)　　(31) 배울 학 (　　　)

(32) 날 생 (　　　)　　(33) 집 실 (　　　)　　(34) 마디 촌 (　　　)

(35) 해 년 (　　　)

4 다음 밑줄 친 낱말의 뜻에 알맞은 漢字(한자)를 例(예)에서 찾아 그 번호를 쓰세요. (36~40)

例	① 二　② 兄　③ 人　④ 外　⑤ 門　⑥ 白

　　한수는 현충일에 현충원에 갔습니다. (36)형과 함께 (37)둘이 갔습니다. (38)하얀 모자를 쓰고 갔습니다. 많은 (39)사람들이 문을 지나 들어갑니다. 그런데 문(40)밖에도 많은 사람들이 보입니다.

(36) 형 (　　　)　　(37) 둘 (　　　)　　(38) 하얀 (　　　)

(39) 사람 (   )   (40) 밖 (   )

5 아래 글의 ㉠과 ㉡의 (   ) 속에 쓴 글자에 공통으로 쓰이는 漢字(한자)를 例(예)에서 골라 그 번호를 쓰세요. (41~43)

> 例   ①白 ②女 ③敎 ④萬 ⑤山 ⑥靑

(41) ㉠ (청)소년 여러분!
㉡ (청)색 테이프를 준비하시오.   (   )

(42) ㉠ 북한(산)은 서울의 자랑입니다.
㉡ (산) 중턱에 절이 있습니다.   (   )

(43) ㉠ (교)실에서 조용히 공부합니다.
㉡ 국어 (교)과서를 읽었습니다.   (   )

6 다음 글자들은 무슨 뜻이며 어떤 소리(음)로 읽을까요? 例(예)에서 찾아 그 번호를 써 넣으세요. (44~50)

> 例   ①촌 ②소 ③불 ④제 ⑤작다 ⑥교 ⑦아우 ⑧화

(44) 小는 (   )라고 읽습니다.
(45) 小는 (   )라는 뜻입니다.
(46) 校는 (   )라고 읽습니다.
(47) 火는 (   )라고 읽습니다.
(48) 火는 (   )을 가리킵니다.
(49) 弟는 (   )라고 읽습니다.
(50) 弟는 (   )를 뜻합니다.

8급 기출문제-2

第20回　漢字能力檢定試驗 8級　2002. 5. 11

1 다음 글을 읽고 밑줄 친 漢字(한자)나 漢字語(한자어)의 讀音(독음)을 쓰세요. (1~18)

> 例　　　漢字 ⋯▶ 한자

- (1)五(2)月 (3)八(4)日은 어버이날입니다. 이 날은 (5)父 (6)母님의 은혜에 감사하는 날입니다

- (7)六월에 현충일이 있고, (8)十월에 (9)國(10)軍의 날과 한글날이 있습니다. 한글은 세종 (11)大(12)王께서 만들었습니다.

- (13)東(14)西(15)南(16)北 전 세계의 사람들이 大(17)韓(18)民國에 모여 월드 컵 축구 대회를 엽니다.

(1) 五 (　　) (2) 月 (　　) (3) 八 (　　) (4) 日 (　　)
(5) 父 (　　) (6) 母 (　　) (7) 六 (　　) (8) 十 (　　)
(9) 國 (　　) (10) 軍 (　　) (11) 大 (　　) (12) 王 (　　)
(13) 東 (　　) (14) 西 (　　) (15) 南 (　　) (16) 北 (　　)
(17) 韓 (　　) (18) 民 (　　)

2 다음 漢字(한자)의 訓(훈=뜻)과 音(음=소리)을 쓰세요. (19~25)

> 例　　　音 ⋯▶ 소리 음

(19) 敎 (　　　　) (20) 金 (　　　　)
(21) 九 (　　　　) (22) 女 (　　　　)

8급 기출문제-2

(23) 年 (　　　　)　　(24) 木 (　　　　)

(25) 火 (　　　　)

3 다음에 알맞은 漢字(한자)를 例(예)에서 골라 그 번호를 쓰세요. (26~35)

例	① 七　② 弟　③ 四　④ 生　⑤ 門 ⑥ 先　⑦ 小　⑧ 水　⑨ 長　⑩ 三

(26) 석 삼 (　　)　(27) 일곱 칠 (　　)　(28) 먼저 선 (　　)

(29) 작을 소 (　　)　(30) 긴 장 (　　)　(31) 문 문 (　　)

(32) 날 생 (　　)　(33) 넉 사 (　　)　(34) 아우 제 (　　)

(35) 물 수 (　　)

4 다음 밑줄 친 낱말의 뜻에 알맞은 漢字(한자)를 例(예)에서 찾아 그 번호를 쓰세요. (36~40)

例	① 青　② 山　③ 人　④ 外　⑤ 火　⑥ 校

　　민호는 어린이날에 (36)산에 갔습니다. (37)학교 앞에서 버스를 타고 갔습니다. 버스에는 (38)사람들이 많이 있었습니다. 그래서 계속 서서 창 (39)밖을 보고 갔습니다. 그런데 (40)푸른 하늘은 보이지 않았습니다.

(36) 산 (　　)　(37) 학교 (　　)　(38) 사람 (　　)

(39) 밖 (　　)　(40) 푸른 (　　)

5 아래 글의 ㉠과 ㉡의 (   ) 속에 쓴 글자에 공통으로 쓰이는 漢字(한자)를 例(예)에서 골라 그 번호를 쓰세요. (41~43)

> 例　①學　②兄　③中　④教　⑤室　⑥先

(41) ㉠ 우리 (학)교는 나무가 많습니다.
　　㉡ 막내이모는 대(학)생입니다.　　(　　)

(42) ㉠ 우리 형은 (중)학생입니다.
　　㉡ 길 (중)간에 돈이 떨어져 있습니다.　(　　)

(43) ㉠ 교(실)에서 조용히 말합니다.
　　㉡ (실)내화를 빨았습니다.　　(　　)

6 다음 글자들은 무슨 뜻이며 어떤 소리(음)로 읽을까요? 例(예)에서 찾아 그 번호를 써 넣으세요. (44~50)

> 例　①촌　②형　③아우　④만　⑤일만　⑥흙　⑦토　⑧마디

(44) 兄은 (　　)이라고 읽습니다.

(45) 土는 (　　)이라는 뜻입니다.

(46) 土는 (　　)라고 읽습니다.

(47) 寸은 (　　)이라고 읽습니다.

(48) 寸은 (　　)라는 뜻입니다.

(49) 萬은 (　　)이라고 읽습니다.

(50) 萬은 (　　)을 가리키는 글자입니다.

12 7급 기출문제

第21回 漢字能力檢定試驗 7級 2002. 6. 29

1 다음 漢字語(한자어)의 讀音(독음)을 쓰세요. (1~32)

| 例 | 漢字 ···▶ 한자 |

(1) 世上 (　　　)　(2) 正道 (　　　)　(3) 市場 (　　　)
(4) 數學 (　　　)　(5) 孝子 (　　　)　(6) 下山 (　　　)
(7) 軍歌 (　　　)　(8) 車主 (　　　)　(9) 住民 (　　　)
(10) 村夫 (　　　)　(11) 一萬 (　　　)　(12) 每月 (　　　)
(13) 氣力 (　　　)　(14) 姓名 (　　　)　(15) 便安 (　　　)
(16) 農地 (　　　)　(17) 百方 (　　　)　(18) 天命 (　　　)
(19) 三寸 (　　　)　(20) 電動 (　　　)　(21) 入室 (　　　)
(22) 中心 (　　　)　(23) 春色 (　　　)　(24) 手足 (　　　)
(25) 北海 (　　　)　(26) 冬川 (　　　)　(27) 王立 (　　　)
(28) 食事 (　　　)　(29) 兄弟 (　　　)　(30) 老母 (　　　)
(31) 南門 (　　　)　(32) 長江 (　　　)

7급 기출문제

2 다음 漢字(한자)의 訓(훈=뜻)과 音(음=소리)을 쓰세요. (33~51)

> 例   字 ⋯▶ 글자 자

(33) 生 (   )   (34) 先 (   )   (35) 紙 (   )
(36) 土 (   )   (37) 草 (   )   (38) 四 (   )
(39) 有 (   )   (40) 火 (   )   (41) 少 (   )
(42) 然 (   )   (43) 重 (   )   (44) 語 (   )
(45) 水 (   )   (46) 來 (   )   (47) 空 (   )
(48) 內 (   )   (49) 夕 (   )   (50) 日 (   )
(51) 午 (   )

3 다음 漢字語(한자어)의 뜻을 쓰세요. (52~53)

(52) 祖父 (   )   (53) 外出 (   )

4 다음 訓(훈)과 音(음)에 맞는 漢字(한자)를 例(예)에서 골라 그 번호를 쓰세요. (54~63)

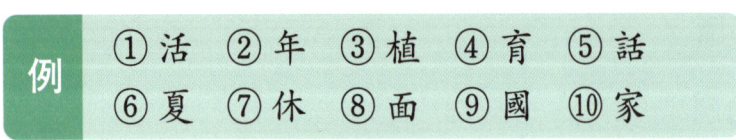

(54) 낯 면 (   )   (55) 기를 육 (   )   (56) 살 활 (   )
(57) 심을 식 (   )   (58) 해 년 (   )   (59) 여름 하 (   )

168

7급 기출문제

(60) 쉴 휴 (　　) (61) 말씀 화 (　　) (62) 집 가 (　　)

(63) 나라 국 (　　)

5 다음 漢字(한자)의 상대 또는 반대 되는 漢字(한자)를 例(예)에서 골라 그 번호를 쓰세요. (64~66)

> 例　①前　②小　③邑　④問　⑤西　⑥平

(64) (　　) - 答　　(65) 東 - (　　)　　(66) (　　) - 後

6 다음 문장에서 밑줄 친 단어의 漢字(한자)를 例(예)에서 골라 그 번호를 쓰세요. (67~68)

> 例　①大同　②校花　③男女　④時間

(67) 우리 학교 교화는 개나리꽃이다. (　　)

(68) 시간은 금이다. (　　)

7 다음 문장에서 밑줄 친 단어와 같은 뜻을 지닌 漢字(한자)를 例(예)에서 골라 그 번호를 쓰세요. (69~70)

> 例　①自　②靑　③直　④全

(69) 바르고 곧은 마음씨를 지닌 어린이가 되자. (　　)

(70) 스스로 모든 일을 처리하는 어린이가 되자. (　　)

7급 기출문제-2

第20回　漢字能力檢定試驗 7級　2002. 5. 11

1 다음 漢字語(한자어)의 讀音(독음)을 쓰세요. (1~32)

例	漢字 ⋯▶ 한자

(1) 學校 (　　　)　(2) 春秋 (　　　)　(3) 農土 (　　　)
(4) 時間 (　　　)　(5) 動物 (　　　)　(6) 父母 (　　　)
(7) 四方 (　　　)　(8) 便所 (　　　)　(9) 空軍 (　　　)
(10) 每年 (　　　)　(11) 世上 (　　　)　(12) 小心 (　　　)
(13) 男子 (　　　)　(14) 敎室 (　　　)　(15) 老人 (　　　)
(16) 先山 (　　　)　(17) 中立 (　　　)　(18) 內外 (　　　)
(19) 女王 (　　　)　(20) 十日 (　　　)　(21) 七夕 (　　　)
(22) 百姓 (　　　)　(23) 江村 (　　　)　(24) 正直 (　　　)
(25) 安全 (　　　)　(26) 自主 (　　　)　(27) 電車 (　　　)
(28) 洞里 (　　　)　(29) 草木 (　　　)　(30) 平生 (　　　)
(31) 活力 (　　　)　(32) 國家 (　　　)

2 다음 漢字(한자)의 訓(훈=뜻)과 音(음=소리)을 쓰세요. (33~51)

例	字 ⋯▶ 글자 자

(33) 川 (　　　)　(34) 夏 (　　　)　(35) 夫 (　　　)

(36) 少 (　　　)　(37) 火 (　　　)　(38) 休 (　　　)

(39) 育 (　　　)　(40) 植 (　　　)　(41) 金 (　　　)

(42) 口 (　　　)　(43) 花 (　　　)　(44) 水 (　　　)

(45) 來 (　　　)　(46) 冬 (　　　)　(47) 同 (　　　)

(48) 林 (　　　)　(49) 食 (　　　)　(50) 紙 (　　　)

(51) 手 (　　　)

3 다음 漢字語(한자어)의 뜻을 쓰세요. (52~53)

(52) 前後 (　　　　　　)　(53) 左右 (　　　　　　)

4 다음 訓(훈)과 音(음)에 맞는 漢字(한자)를 例(예)에서 골라 그 번호를 쓰세요. (54~63)

| 例 | ① 有　② 然　③ 民　④ 命　⑤ 弟　⑥ 寸　⑦ 登　⑧ 足　⑨ 歌　⑩ 事 |

(54) 노래 가 (　　)　(55) 목숨 명 (　　)　(56) 그럴 연 (　　)

(57) 마디 촌 (　　)　(58) 있을 유 (　　)　(59) 일 사 (　　)

(60) 백성 민 (　　)　(61) 오를 등 (　　)　(62) 아우 제 (　　)

(63) 발 족 (　　)

5 다음 漢字(한자)의 상대 또는 반대 되는 漢字(한자)를 例(예)에서 골라 그 번호를 쓰세요. (64~66)

> 例 ① 一   ② 地   ③ 出   ④ 二   ⑤ 答   ⑥ 工

(64) 天 - (   )   (65) 入 - (   )   (66) 問 - (   )

6 다음 문장에서 밑줄 친 단어의 漢字(한자)를 例(예)에서 골라 그 번호를 쓰세요. (67~68)

> 例 ① 市場   ② 西海   ③ 市長   ④ 東海

(67) 나는 어머니를 따라 <u>시장</u>에 갔습니다. (   )

(68) <u>동해</u>물과 백두산이 마르고 닳도록 하느님이 보우하사 우리나라 만세. (   )

7 다음 문장에서 밑줄 친 단어와 같은 뜻을 지닌 漢字(한자)를 例(예)에서 골라 그 번호를 쓰세요. (69~70)

> 例 ① 色   ② 重   ③ 靑   ④ 面

(69) 이 돌은 너무 <u>무거워</u> 들 수가 없습니다. (   )

(70) 맑고 <u>푸른</u> 바다에 배 한 척이 지나갑니다. (   )

13 정답

실전 익히기

26쪽 - 27쪽 | 1. (1)④ (2)① (3)③ (4)② 2. (1)오천년 (2)팔월 (3)백일 3. (1)열, 해 (2)아홉, 달 (3)일천, 날 (4)셈할, 셈할 4. (1)② (2)③ (3)① (4)④ 5. (1)③ (2)① (3)④ (4)② 6. (1)七日 (2)千金 (3)自然 (4)百萬

50쪽 - 51쪽 | 1. (1)④ (2)② (3)① (4)③ 2. (1)조부 (2)산림 (3)시간 (4)내외 3. (1)왼, 오른 (2)손, 발 (3)온전, 마음 (4)가운데, 사이 4. (1)④ (2)① (3)③ (4)② 5. (1)③ (2)① (3)④ (4)② 6. (1)父母 (2)心中 (3)全長 (4)大地

74쪽 - 75쪽 | 1. (1)① (2)③ (3)④ (4)② 2. (1)노인 (2)동서 (3)남문 (4)전방 3. (1)사내, 아들 (2)젊을, 계집 (3)문, 앞 (4)오를, 학교 4. (1)④ (2)③ (3)② (4)① 5. (1)② (2)① (3)④ (4)③ 6. (1)南北 (2)校門 (3)先後 (4)東方

98쪽 - 99쪽 | 1. (1)④ (2)③ (3)② (4)① 2. (1)교육 (2)문자 (3)안주 (4)활력 3. (1)주인, 밥 (2)글월, 말씀 (3)평평할, 땅 (4)봄, 여름 4. (1)④ (2)① (3)② (4)③ 5. (1)① (2)③ (3)② (4)④ 6. (1)敎室 (2)平時 (3)世間 (4)立冬

122쪽 - 123쪽 | 1. (1)③ (2)② (3)④ (4)① 2. (1)출생 (2)사물 (3)불휴 (4)국기 3. (1)빌, 기운 (2)아닐, 한가지 (3)심을, 물건 (4)편할, 편안 4. (1)② (2)④ (3)① (4)③ 5. (1)③ (2)④ (3)① (4)② 6. (1)名物 (2)韓紙 (3)不同 (4)國花

138쪽 - 139쪽 | 1. (1)② (2)③ (3)① (4)④ 2. (1)청색 (2)주민 (3)매사 (4)유명 3. (1)푸를, 흰 (2)저자, 백성 (3)모, 낮 (4)올, 날 4. (1)② (2)① (3)④ (4)③ 5. (1)④ (2)③ (3)② (4)① 6. (1)色紙 (2)民心 (3)水面 (4)每日

8급 예상문제

155쪽 - 157쪽 | 1. (1)팔 (2)월 (3)십 (4)오 (5)일 (6)부 (7)모 (8)학 (9)구 (10)대 (11)왕 (12)남 (13)북 (14)국 (15)한 2. (16)마디 촌 (17)군사 군 (18)먼저 선 (19)흙 토 (20)석 삼 (21)동녘 동 (22)쇠 금/성 김 (23)가운데 중 (24)서녘 서 (25)일만 만 3. (26)④ (27)② (28)⑩ (29)⑥ (30)⑧ (31)⑨ (32)① (33)③ (34)⑤ (35)⑦ 4. (36)⑤ (37)③ (38)① (39)④ (40)② 5. (41)④ (42)⑥ (43)② 6. (44)③ (45)⑥ (46)② (47)⑦ (48)④ (49)⑤ (50)⑧

7급 예상문제

158쪽 - 160쪽 | 1. (1)하산 (2)산수 (3)주소 (4)청색 (5)초목 (6)효자 (7)식사 (8)중대 (9)시장 (10)군가 (11)문물 (12)매일 (13)육십 (14)모녀 (15)명문 (16)생명 (17)만리 (18)강남 (19)안전 (20)북방 (21)백인 (22)민심 (23)농부 (24)국기 (25)동해 (26)천지 (27)춘추 (28)전기 (29)오후 (30)활동 (31)상기 (32)정직 2. (33)저녁 석 (34)한가지 동 (35)늙을 로 (36)때 시 (37)있을 유 (38)심을 식 (39)마을 동 (40)강 강 (41)발·넉넉할 족 (42)마을 촌 (43)할아비 조 (44)스스로 자 (45)앞 전 (46)무거울 중 (47)오를 등 (48)다섯 오 (49)인간 세 (50)종이 지 (51)온전 전 3. (52) 아버지의 남자 형제. (53)노래 부르는 것을 업으로 삼는 사람. 4. (54)⑥ (55)④

173

(56)⑧ (57)③ (58)① (59)⑤ (60)⑦ (61)⑨ (62)⑩ (63)② 5. (64)③ (65)② (66)① 6. (67)④ (68)① (69)③ 7. (70)③

8급 21회 기출문제

161쪽 - 163쪽 | 1. (1)대 (2)한 (3)민 (4)국 (5)일 (6)동 (7)서 (8)남 (9)북 (10)육(유) (11)월 (12)칠 (13)팔 (14)십 (15)오 (16)왕 2. (17)물 수 (18)긴·어른 장 (19)아비 부 (20)쇠 금/성 김 (21)어미 모 (22)군사 군 (23)아홉 구 (24)나무 목 (25)녁 사 3. (26)⑩ (27)① (28)⑧ (29)③ (30)⑥ (31)⑨ (32)④ (33)⑦ (34)⑤ (35)② 4. (36)② (37)① (38)⑥ (39)③ (40)④ 5. (41)⑥ (42)⑤ (43)③ 6. (44)② (45)⑤ (46)⑥ (47)⑧ (48)③ (49)④ (50)⑦

8급 20회 기출문제

164쪽 - 166쪽 | 1. (1)오 (2)월 (3)팔 (4)일 (5)부 (6)모 (7)육(유) (8)십(시) (9)국 (10)군 (11)대 (12)왕 (13)동 (14)서 (15)남 (16)북 (17)한 (18)민 2. (19)가르칠 교 (20)쇠 금/성 김 (21)아홉 구 (22)계집 녀 (23)해 년 (24)나무 목 (25)불 화 3. (26)⑩ (27)① (28)⑥ (29)⑦ (30)⑨ (31)⑤ (32)④ (33)③ (34)② (35)⑧ 4. (36)② (37)⑥ (38)③ (39)④ (40)① 5. (41)① (42)③ (43)⑤ 6. (44)② (45)⑥ (46)⑦ (47)① (48)⑧ (49)④ (50)⑤

7급 21회 기출문제

167쪽 - 169쪽 | 1. (1)세상 (2)정도 (3)시장 (4)수학 (5)효자 (6)하산 (7)군가 (8)차주 (9)주민 (10)촌부 (11)일만 (12)매월 (13)기력 (14)성명 (15)편안 (16)농지 (17)백방 (18)천명 (19)삼촌 (20)전동 (21)입실 (22)중심 (23)춘색 (24)수족 (25)북해 (26)동천 (27)왕립 (28)식사 (29)형제 (30)노모 (31)남문 (32)장강 2. (33)날 생 (34)먼저 선 (35)종이 지 (36)흙 토 (37)풀 초 (38)녁 사 (39)있을 유 (40)불 화 (41)적을·젊을 소 (42)그럴 연 (43)무거울 중 (44)말씀 어 (45)물 수 (46)올 래 (47)빌 공 (48)안 내 (49)저녁 석 (50)날 일 (51)낮 오 3. (52)할아버지 (53)(집)밖으로 나감 4. (54)⑧ (55)④ (56)① (57)③ (58)② (59)⑥ (60)⑦ (61)⑤ (62)⑩ (63)⑨ 5. (64)④ (65)⑤ (66)① 6. (67)② (68)④ 7. (69)③ (70)①

7급 20회 기출문제

170쪽 - 172쪽 | 1. (1)학교 (2)춘추 (3)농토 (4)시간 (5)동물 (6)부모 (7)사방 (8)변소 (9)공군 (10)매년 (11)세상 (12)소심 (13)남자 (14)교실 (15)노인 (16)선산 (17)중립 (18)내외 (19)여왕 (20)십일 (21)칠석 (22)백성 (23)강촌 (24)정직 (25)안전 (26)자주 (27)전차 (28)동리 (29)초목 (30)평생 (31)활력 (32)국가 2. (33)내 천 (34)여름 하 (35)지아비 부 (36)적을·젊을 소 (37)불 화 (38)쉴 휴 (39)기를 육 (40)심을 식 (41)쇠 금/성 김 (42)입 구 (43)꽃 화 (44)물 수 (45)올 래 (46)겨울 동 (47)한가지 동 (48)수풀 림 (49)밥·먹을 식 (50)종이 지 (51)손 수 3. (52) 앞과 뒤 (53)왼쪽(편)과 오른쪽(편) 4. (54)⑨ (55)④ (56)② (57)⑥ (58)① (59)⑩ (60)③ (61)⑦ (62)⑤ (63)⑧ 5. (64)② (65)③ (66)⑤ 6. (67)① (68)④ 7. (69)② (70)③

14 찾아보기

ㄱ
家 집 가 – 86
歌 노래 가 – 120
間 사이 간 – 40
江 강 강 – 62
車 수레 거·차 – 90
工 장인 공 – 62
空 빌 공 – 112
校 학교 교 – 72
敎 가르칠 교 – 82
口 입 구 – 46
九 아홉 구 – 12
國 나라 국 – 118
軍 군사 군 – 118
金 쇠 금, 성 김 – 22
旗 기 기 – 118
氣 기운 기 – 114
記 기록할 기 – 106

ㄴ
南 남녘 남 – 66
男 사내 남 – 58
內 안 내 – 38
女 계집 녀 – 58
年 해 년 – 18
農 농사 농 – 62

ㄷ
答 내답 답 – 80
大 큰 대 – 42
道 길 도 – 132
東 동녘 동 – 64
冬 겨울 동 – 94
動 움직일 동 – 96
同 한가지 동 – 112

洞 마을 동 – 134
登 오를 등 – 70

ㄹ
來 올 래 – 136
力 힘 력 – 96
老 늙을 로 – 60
六 여섯 륙 – 10
里 마을 리 – 134
林 수풀 림 – 34
立 설 립 – 72

ㅁ
萬 일만 만 – 16
每 매양 매 – 136
面 낯 면 – 134
名 이름 명 – 106
命 목숨 명 – 130
母 어미 모 – 48
木 나무 목 – 22
文 글월 문 – 84
問 물을 문 – 80
門 문 문 – 66
物 물건 물 – 110
民 백성 민 – 130

ㅂ
方 모 방 – 68
白 흰 백 – 128
百 일백 백 – 14
父 아비 부 – 48
夫 지아비 부 – 60
北 북녘 북 – 66
不 아닐 불·부 – 114

ㅅ
四 넉 사 – 10

事 일 사 – 110
山 메 산 – 32
算 셈할 산 – 16
三 석 삼 – 8
上 위 상 – 36
色 빛 색 – 128
生 날 생 – 104
西 서녘 서 – 64
夕 저녁 석 – 94
先 먼저 선 – 72
姓 성 성 – 106
世 인간 세 – 90
小 작을 소 – 42
少 적을·젊을 소 – 60
所 바 소 – 88
水 물 수 – 20
手 손 수 – 46
數 셈할 수 – 16
市 저자 시 – 132
時 때 시 – 20
食 밥·먹을 식 – 86
植 심을 식 – 116
室 집 실 – 82
心 마음 심 – 44
十 열 십 – 14

ㅇ
安 편안 안 – 88
語 말씀 어 – 84
然 그럴 연 – 24
五 다섯 오 – 10
午 낮 오 – 94
王 임금 왕 – 130
外 바깥 외 – 40

右 오른 우 – 38
月 달 월 – 18
有 있을 유 – 136
育 기를 육 – 82
邑 고을 읍 – 132
二 두 이 – 8
人 사람 인 – 56
一 한 일 – 8
日 날 일 – 18
入 들 입 – 70

ㅈ
子 아들 자 – 58
字 글자 자 – 84
自 스스로 자 – 24
場 마당 장 – 112
長 긴·어른 장 – 44
全 온전 전 – 44
前 앞 전 – 68
電 번개 전 – 114
正 바를 정 – 108
弟 아우 제 – 56
祖 할아비 조 – 48
足 발·넉넉할 족 – 46
左 왼 좌 – 38
主 주인 주 – 80
住 살 주 – 86
中 가운데 중 – 36
重 무거울 중 – 42
地 땅 지 – 32
紙 종이 지 – 110
直 곧을 직 – 108

ㅊ
千 일천 천 – 14

天 하늘 천 – 24
川 내 천 – 32
靑 푸를 청 – 128
草 풀 초 – 34
寸 마디 촌 – 40
村 마을 촌 – 64
秋 가을 추 – 92
春 봄 춘 – 92
出 날 출 – 104
七 일곱 칠 – 12

ㅌ
土 흙 토 – 22

ㅍ
八 여덟 팔 – 12
便 편할 편, 오줌 변 – 108
平 평평할 평 – 90

ㅎ
下 아래 하 – 36
夏 여름 하 – 92
學 배울 학 – 70
韓 한국·나라 한 – 116
漢 한수 한 – 120
海 바다 해 – 34
兄 형 형 – 56
火 불 화 – 20
話 말씀·이야기 화 – 120
花 꽃 화 – 116
活 살 활 – 96
孝 효도 효 – 104
後 뒤 후 – 68
休 쉴 휴 – 88

▪저자 | 홍진복

현재 서울 신사초등학교 교장.
저서 서울시 교육감 인정도서《초등 한자》(전6권)
    서울시 교육감 인정도서《아름다운 생활》(전6권)
《한자가 손에 익는 일천千 천자문쓰기》

▪편집 | 최광희, 박민희   디자인 | 서경민   삽화 | 김동문

초등 학생이 꼭 익혀야 할

개정판 1쇄 발행 · 2004년 9월 25일
개정판 20쇄 발행 · 2025년 9월 30일

글쓴이 · 홍진복   펴낸이 · 김표연   펴낸곳 · (주)상서각
펴낸곳 · (주)상서각
등 록 · 2015년 6월 10일 (제25100-2015-000051호)
주 소 · 경기도 고양시 일산동구 성현로 513번길 34
전 화 · (02) 387-1330   FAX · (02) 356-8828
이메일 · sang53535@naver.com
ISBN 978-89-7431-535-1(63700)

• 잘못된 책은 바꾸어 드립니다.